Weltgeschichte
in
Karakterbildern

ෆෆෆෆෆෆෆෆ

Weltgeschichte in Karakterbildern

herausgegeben von

Franz Kampers, Sebastian Merkle und Martin Spahn

I. Abteilung

Altertum

Augustin

Mainz
Verlag von Kirchheim & Co.
1911

Der Untergang der antiken Kultur

❦❦❦❦❦

Augustin

Von

Georg Freiherr von Hertling

❦

Mit einem Farbendruck-Titelbild und 51 Abbildungen

Zehntes und elftes Tausend

Mainz
Verlag von Kirchheim & Co.
1911

Imprimatur

Moguntiae, die 18. Januarii 1911.

Dr. Jos. Selbst
Cons. eccl., Decan. cap. eccl. cath. Mogunt.

Kunstdruckerei Meisenbach Riffarth & Co.
· · · · · München · · · · ·

Augustin

Inhalt

I. Augustins Geistesgang bis zu seiner Bekehrung

II. Die Zeit der Vorbereitung · Augustins Philosophie

III. Die Kirche von Afrika · Augustinus als Lehrer und Verteidiger des katholischen Dogmas

IV. Das Ende des Heidentums und der Untergang des weströmischen Reichs · Augustins Werk vom Gottesstaat

St. AUGUSTIN

FRESCO AUS DEM SECHSTEN JAHRHUNDERT.

Abb. 1 · Der Knabe Augustin wird einem Lehrer übergeben
Aus dem Fresken-Zyklus von Benozzo Gozzoli in San Gimignano

Augustins Geistesgang bis zu seiner Bekehrung

Es ist keine erfreuliche Periode der Weltgeschichte, welcher die nachfolgenden Blätter gewidmet sind. Das römische Reich geht unaufhaltsam seinem Verfalle entgegen, das feste Gefüge des Staatswesens ist gelockert, die Grundlage des alten Römertums längst erschüttert. Unter den Männern, denen die Leitung der öffentlichen Angelegenheiten und die Führung der in ihrer Zusammensetzung völlig veränderten Legionen obliegt, fehlt es nicht an jeder moralischen Größe, weit verbreiteter aber ist eine Tiefe der Verworfenheit, eine Gleichgültigkeit in der Wahl der Mittel, die zur Befriedigung gemeinster Selbstsucht ergriffen werden, welche Entsetzen erregen müssen. Ueberall an den Grenzen stehen unruhig gewordene Barbarenvölker, endlich durchbrechen sie die Wälle und ergießen sich in verheerenden Fluten über das alte Kulturland. Immer weiter greift die Verwüstung, Welle drängt sich auf Welle, ein Volk treibt das andere, bis in Italien und am Rhein, im inneren Gallien, in Spanien, in Afrika der Fuß germanischer Stämme die Zivilisation von Jahrhunderten niedertritt. Rom, die Hauptstadt des Erdkreises, wird belagert und erstürmt, ihre Pracht und Herrlichkeit sinkt langsam in Trümmer. Im Abendlande nimmt das Kaisertum ein ruhmloses Ende. Erst spät zeigen sich die Anfänge neuer Staatenbildungen.

Die Kirche überdauert den ungeheuren Zusammenbruch. Zuerst in der Verborgenheit, dann unter dem Drucke der Verfolgungen, endlich im Kampfe mit den Häresien, die ihre Einheit zu zerreißen drohten, hatte sie ihre Lehre ausgebildet, die Grundzüge ihrer Verfassung festgelegt. Von Anfang an lediglich als moralische Macht auftretend, unabhängig von nationalen und politischen Besonderungen, konnte sie die neuen Völker ebenso gut in ihren Schoß aufnehmen, wie sie die alten für sich gewonnen hatte. Ihr fiel demnächst die Aufgabe zu, die neuen Völker für die Zivilisation zu erziehen. Aus den drei Elementen, aus dem Christentume, der Kraft und Anlage der Germanen und den Ueberresten des griechisch-römischen Altertums erwächst die Kultur des Mittelalters. Das erste wie das letzte wird ihr durch die Kirche vermittelt. Eine welthistorische Betrachtung, welche die Kontinuität der Entwicklung zu wahren sucht und dem Zusammenhange der Menschengeschicke nachgeht, wird daher für diese Epoche des Uebergangs am besten ihren Standort innerhalb der Kirche nehmen.

Aber Augustinus, der Heilige der katholischen Kirche, der größte unter den lateinischen Vätern, welcher der Mittelpunkt und der hauptsächliche Gegenstand der nachfolgenden Darstellung sein soll, ist zugleich eine welthistorische Persönlichkeit. Er ist es in dem Sinne, wie Plato und Aristoteles es sind. Perikles und Alexander haben die Phantasie ihrer Zeitgenossen gefangen genommen und dieselben willig oder widerwillig in den Bann ihrer überlegenen Staatsweisheit oder ihrer genialen Kraft hineingezogen, Plato und Aristoteles haben die Gedanken von zwei Jahrtausenden maßgebend bestimmt. Ihnen stellt sich Augustinus an die Seite. Er besitzt nicht die schöpferische Originalität Platos, er ist nicht der große Systematiker, wie Aristoteles, aber herangebildet an der traditionellen Wissenschaft und Philosophie des Altertums hat er wesentliche Bestandteile derselben den Lehrern des Mittelalters überliefert. Bekannt mit der Gedankenarbeit, durch welche die älteren Väter den Inhalt des Christentums spekulativ zu durchdringen und zu entwickeln bemüht waren, bringt er selbst diese Arbeit auf eine Höhe, welche die Späteren wohl festzuhalten, aber nicht mehr zu steigern vermochten. Von seinen Gedanken über Gott und Gottes Verhältnis zur Welt, über die göttliche Dreieinigkeit, über Vorsehung, Freiheit und Gnade, von seinen geschichtsphilosophischen Ideen zehrt die ganze Folgezeit. Und wie die mittelalterliche Wissenschaft, die Scholastik in allem wesentlichen den Inhalt der augustinischen Theologie nur systematisch auseinanderzulegen hatte, so hat er nicht minder der Mystik nach ihrer theoretischen Seite die Grundlinien vorgezeichnet, ganz ebenso, wie er ihrer praktischen Uebung in der von ihm gestifteten und geleiteten religiösen Genossenschaft die Wege gewiesen hat.

Augustins äußerer Lebensgang enthält wenig Bemerkenswertes. An den großen Zeitereignissen hat er unmittelbar keinen Anteil genommen. Was uns an seiner Persönlichkeit vor allem fesselt, ist seine innere geistige Entwicklung. Seine welthistorische Bedeutung liegt in dem Einflusse, den seine Predigten und Schriften auf Mit- und Nachwelt ausgeübt haben. Aber wie wohl auf den Heiligenbildern alter Meister der Hintergrund durch allerlei Szenen und Gestalten eigenartig belebt ist, von denen die zur Darstellung gebrachte Hauptfigur sich groß und rein abhebt, so bilden zu seinem Leben die Begebenheiten einer dunklen Zeit, der immer tiefere Niedergang und endlich völlige Zusammenbruch der antiken Kultur die inhaltsvolle Umrahmung.

Aurelius Augustinus wurde am 13. November 354 geboren. Seine Vaterstadt war Thagaste in Numidien, heute Souk-Ahras im nördlichen Teile der französischen Provinz Constantine. Von der alten Stadt sind nur wenige Trümmer übrig geblieben. Aus der einzigen erhaltenen Inschrift erfahren wir, daß sie die Rechte eines römischen Munizipiums besaß. Am Medscherda, dem Hauptstrom Nordafrikas gelegen, dessen breites Thal zuerst phönizischer Kolonisation und später römischer Kultur den Zugang öffnete, ist der Ort auch heute wieder ein nicht unwichtiger Handelsplatz.

Augustins Vater, Patrizius, gehörte dem Magistrate an. Daß er in bescheidenen Vermögensverhältnissen lebte, erfahren wir von Augustinus selbst, der es später als Bischof ablehnte, kostbare Gewänder zu tragen, da dies dem Sohne unbemittelter Eltern nicht anstehe. Wertvoller vielleicht wäre es, zu wissen, welcher großen Völkerfamilie der bedeutendste unter den lateinischen Kirchenvätern zuzuzählen ist, aber ein sicherer Aufschluß hierüber läßt sich nicht geben. Daß er römischer Abstammung gewesen sei, kann man aus dem Namen des Vaters nicht herleiten, denn in Nordafrika hatten die Eingeborenen frühzeitig den Gebrauch angenommen, sich mit römischen Namen zu schmücken, um dadurch, mit Recht oder Unrecht, als römische Bürger zu erscheinen. Der Name von Augustins Mutter, Monika, oder nach richtigerer Schreibweise: Monnika, kommt nur in afrikanischen Inschriften vor, deutet also auf afrikanischen Ursprung. Ob dabei an die ersten Einwohner des Landes zu denken ist, die Libyer oder Mauren, wie die Alten, die Berbern, wie wir heute diese zähe fortlebende Rasse nennen, muß dahin gestellt bleiben. Der Pelagianer Julianus von Eklanum nennt Augustinus spottend den punischen Aristoteles. Aber damit stimmt es schlecht, daß dieser vom Punischen nur einige Worte kannte und das Lateinische seiner Angabe gemäß mühelos ‚unter den Liebkosungen der Ernährerinnen, mit Lachen und Spielen' gelernt hatte. Ausdrücklich rechnet er sich später selbst zu den Vertretern der lateinischen Zunge. Nordafrika war eben seit Jahrhunderten vollkommen romanisiert, alle lokalen und administrativen Einrichtungen nach römischem Muster geordnet, überall griechisch=lateinische Bildung herrschend.

Durch die energische und systematische wissenschaftliche Erforschung, welche im Namen und Auftrag der französischen Regierung seit etwa zwanzig Jahren in Algerien und der Regentschaft Tunis betrieben wird, hat das verblichene Bild des römischen Afrika wieder Zeichnung und Farbe gewonnen. Zahlreiche Trümmerstätten, zum Teil auch wohlerhaltene Ruinen, erinnern an die vielen volkreichen Städte, die einst hier gestanden haben, geschmückt mit Tempeln, öffentlichen Gebäuden und Grabmonumenten nach dem Muster der italischen, und durch sorgfältig unterhaltene Verkehrsstraßen miteinander in Verbindung gesetzt. Wie dies in den heute dürr und wüst liegenden Strecken möglich war, erfahren wir gleichfalls aus den Ueberresten. Ebenso sinnreiche als großartige Anlagen waren dazu bestimmt, das in dem heißen Landstrich vor allem kostbare Wasser zu sammeln und in zweckmäßiger Weise zu verteilen. Nur so erhielt der Boden jene Fruchtbarkeit, durch welche Nordafrika Jahrhunderte lang Rom und Italien mit Korn versehen konnte. Es gibt in der Steppe keine Ruine ohne Zisterne, wichtiger aber noch waren jene Thalsperren, durch welche die Wasserfluten, die in der Regenzeit die breiten schluchtenähnlichen Flußbette füllen, in seitliche Bassins geleitet wurden. Aquädukte, wie man sie aus der römischen Campagna kennt, führten das Wasser der Quellen meilenweit in die Städte. Noch sind Inschriften vorhanden, aus denen sich die einzelnen Bestimmungen des Wasserrechts und der Wasserpolizei ergeben. Außerhalb der Städte fanden sich zahlreiche ausgedehnte Landgüter. Von dem Reichtum ihrer Besitzer geben die Trümmer ihrer Villen Zeugnis. Aufgefundene Mosaiken, welche einstmals Wände und

Abb. 2 · Zisternen von Malga

Fußböden schmückten, veranschaulichen ihren Luxus und ihre Lebensweise. Aber auch die Bevölkerung der Städte lebte der Hauptsache nach vom Ackerbau. Nur die an der Tunesischen Küste gelegenen, die alten Emporien Karthago, Hadrumetum, Utika betrieben Gewerbe und Handel.

Zu Augustins Zeit war indessen die eigentliche Blüte der afrikanischen Provinzen längst geschwunden. Ihre Glanzzeit war die Regierung des Kaisers Septimius Severus und seiner Dynastie (193—235). Selbst Afrikaner von Geburt mochte er seinem Heimatlande besondere Sympathie zuwenden. Durch ihn wurde Numidien, das bis dahin, zweihundert Jahre lang, militärisch verwaltet worden war, römische Provinz. Weit öfter als der Name irgend eines anderen Kaisers wird der seine in den Inschriften genannt; fast in jeder größeren Ruine findet er sich. Seitdem war das blühende Land von schweren Heimsuchungen betroffen worden: zuerst durch die Kämpfe um den Kaiserthron, welche das dritte Jahrhundert füllen und zu einem Teile auf afrikanischem Boden ausgefochten wurden; dann durch periodisch wiederkehrende Einfälle barbarischer Stämme, welche sich die Uneinigkeit der Herrscher zu Nutze machten. Der Anfang des vierten Jahrhunderts brachte die entsetzliche Mißhandlung von Karthago, Kirta und anderen Städten, durch welche der Usurpator Maxentius sich dafür rächte, daß die ihm abgeneigten Soldaten den Statthalter Alexander, einen Phrygier, mit dem Purpur bekleidet hatten. Nicht lange danach entbrannte der furchtbare Religionskrieg, der dem Lande

Abb. 3

Abb. 4

Abb. 5

Abb. 3—5 · Mosaikfußböden aus einer Villa bei Thabraca (Tabarka)
(Im Museum Alaoui in Tunis)

schlimmere Wunden schlug als alles vorhergehende. Von ihm muß später ausdrücklich die Rede sein.

Augustins Vater war Heide, seine Mutter eine Christin. Das war ohne Zweifel von Einfluß auf die Entwicklung des Knaben, dessen empfängliche Seele in frühester Jugend ganz entgegengesetzte religiöse Eindrücke aufnahm; es wirft zugleich Licht auf die Art und Weise, wie im vierten Jahrhundert Christen und Heiden friedlich nebeneinander und miteinander leben konnten. Im Jahre 313 hatte Kaiser Konstantin der Große durch das Edikt von Mailand Religionsfreiheit verkündet, die in erster Linie und im Gegensatze gegen die frühere Verfolgung den Christen zu gute kommen sollte und auch zu gute kam. Dann hatten seine Söhne unternommen, mit scharfen Gesetzen gegen den Kultus der alten Götter vorzugehen; ohne rechten Erfolg, denn die staatlichen Einrichtungen und das gesamte öffentliche Leben hingen zu enge mit ihm zusammen. Die Priester der zahlreichen Tempel und Heiligtümer, die hohen Beamten, zu deren Funktionen feierliche Opferhandlungen bei bestimmten Gelegenheiten gehörten, die Philosophen, die genährt an den Ueberlieferungen der klassischen Zeit die neue Lehre verachteten, aber auch die Weltmänner, denen die strenge Moral des Evangeliums eine lästige Fessel war, endlich die von den Zentren des geistigen Verkehrs weit abgelegenen Bauern und Landarbeiter stellten, wie im ganzen weiten Reiche, so auch in Nordafrika, bis ins fünfte Jahrhundert dem Heidentume zahlreiche Anhänger. In Augustins erste Jugend fällt der Versuch Kaiser Julians des Abtrünnigen, der alten Religion neues Leben einzuflößen und den Aberglauben mit Hülfe der neuplatonischen Philosophie zu vergeistigen, ein vergebliches Bemühen, welches auch ohne den frühen Tod des Kaisers im Kampfe gegen die Perser (363) hätte scheitern müssen. Im Occident hatte man demselben von Anfang an geringe Teilnahme geschenkt, und Nordafrika gehörte durchaus der lateinischen, nicht der griechisch-orientalischen Welt an. Wohl aber berichtet Augustinus, daß in seiner Jugend dort heidnische Gebräuche gang und gäbe waren. Er selbst war Zuschauer bei öffentlichen Aufzügen und Spielen zu Ehren der phönizischen Tanit und der phrygischen Kybele, und aus seinen Briefen erfahren wir, daß auch noch in viel späterer Zeit die Götterbilder auf den Plätzen der Städte standen, in Tempel und Thermen geopfert wurde, Opferfleisch auf den Märkten zum Verkaufe auslag.

Fragt man noch nach der Beschaffenheit des nordafrikanischen Heidentums, so deutet bereits jene Erinnerung Augustins auf den Synkretismus religiöser Vorstellungen und Kulte hin, welcher seit Jahrhunderten im römischen Reiche herkömmlich war. Die schwankenden Linien der heidnischen Mythologien ließen das Bild der einen Gottheit leicht in das einer andern übergehen. So war aus dem Ammon der Berber der karthagische Baal und aus diesem der römische Saturn geworden. Die Vervielfältigung der Gottheiten machte der antiken Vorstellungsweise keine Schwierigkeit, zumal bei dem ausgesprochen lokalen Karakter, welcher der Verehrung der einzelnen anhaftete. In Afrika riefen die Römer bereitwilligst die maurischen Götter an, ja in einer Inschrift dankt der Statthalter der Provinz eben diesen einheimischen Göttern, daß sie ihm den Sieg über aufrührerische Eingeborene verliehen haben. Die Bekehrung zum Christentume bedeutete nicht den Uebertritt von einem bestimmten Bekenntnisse zu einem andern, sondern das erstmalige Erfassen einer sicheren, unumstößlichen, aber auch festumgrenzten Wahrheit, verbunden mit einer völligen Aenderung des Lebens oder wenigstens dem Vorsatze einer solchen.

Daß Patrizius kurz vor seinem Tode diesen Schritt that, gereichte der frommen Monika zu großem Troste. Im übrigen wissen wir nicht viel von ihm. In dem Verhältnisse zu seinem großen Sohne tritt vorzüglich das brennende Verlangen hervor, denselben mit Hülfe einer höheren Bildung zu Ruhm und Ansehen zu bringen. Er hatte noch einen zweiten Sohn, Navigius, und eine Tochter, deren Name nicht bekannt ist.

Für Augustins Jugendleben und seine geistige Entwicklung bis zum Jahre 387 bilden seine um 400 verfaßten Konfessionen nahezu unsere einzige Quelle. Man wird die Ueberschrift jenes wunderbaren Buches am besten unübersetzt lassen, denn sie hat ohne Zweifel einen doppelten Sinn. Augustin will bekennen, rückhaltlos bekennen, wie sein Leben bis dahin verlaufen ist, aber er will vor allem seinen Gott bekennen und dessen überschwängliche Güte und Barmherzigkeit preisen. Aus seiner eigensten Erfahrung heraus will er die Wahrheit des zu Anfang ausgesprochenen Satzes erhärten: ‚Du hast uns für Dich erschaffen, o Gott, und unser Herz ist unruhig, bis es in Dir ruht'.

Das Werk ist einzig in seiner Art. So viele Bekenntnisse seitdem geschrieben worden sind, mit den Augustinischen haben sie nichts gemein. Was die letzteren auszeichnet, ist vor allem die vollkommene Aufrichtigkeit und die Abwesenheit jeder eitlen Selbstbespiegelung. Wie könnte der Verfasser etwas verschweigen oder beschönigen wollen? Schreibt er doch gleichsam unter den Augen des allwissenden Gottes. Auf ihn beruft er sich immer wieder: Du, o Herr, weißt, wie es geschehen ist! Wie könnte er gefallsüchtig mit seinen Schwächen und Fehltritten prunken, da er sich überall vom tiefsten Schmerze erfüllt zeigt, durch dieselben von Gott, dem Ziele seiner Sehnsucht, abgelenkt worden zu sein. Das lebendige Bewußtsein der Gottesnähe, das aus jeder Zeile spricht, muß auch heute noch, nach anderthalb Jahrtausenden, den Leser ergreifen. Hier verkehrt die von jedem irdischen Schein, von der gesamten Außenwelt losgelöste Menschenseele unmittelbar mit ihrem Gott! Zu diesen ersten, grundlegenden Vorzügen aber, welche aus dem innersten, heiligsten Eigentume des Verfassers stammen, kommt eine bis dahin unerhörte Tiefe und Feinheit der psychologischen Beobachtung, eine staunenswerte Kunst, die leisesten Regungen des eigenen Innern zu ergreifen und in sprachlichem Ausdrucke festzuhalten.

Aber dem Biographen wird die Aufgabe nicht in jeder Weise erleichtert. Augustin will ja keine ausführliche Lebensbeschreibung liefern, sondern nur erzählen, wie er durch die Nacht des Irrtums und der Sünde, aus der Pein des Zweifels und der ungestillten Sehnsucht nach Glück durch die Gnade Gottes in den beseligenden Besitz der christlichen Wahrheit geführt worden ist. Auf viele Fragen, die das wachgerufene Interesse an seiner Persönlichkeit sonst noch stellen möchte, gibt er keine Antwort. Und weiter, als Augustinus die Geschichte seiner Bekehrung schrieb, war mehr als ein Jahrzehnt verflossen, seitdem sein Geistesgang die entscheidende Wendung genommen hatte. Auch wenn sich bei ihm nicht bewahrheitet haben sollte, was fast bei allen zutrifft, die ihre Lebenserinnerungen aufzeichnen, daß sich ihnen unbewußt und unwillkürlich die Thatsachen der Vergangenheit verschieben, so konnte er doch das früher Geschehene nur mit seinen dermaligen Augen ansehen. Dies bedeutet einmal, daß ihn der geschärfte sittliche Maßstab, den er daran anlegt, zur Selbstverkleinerung und Ungerechtigkeit gegen sich selbst geneigt macht. Es bedeutet ferner, daß da, wo er die Stufen seines geistigen Werdeganges schildert und die Faktoren aufzählt, die auf denselben einwirkten, der Bericht ganz von selbst durch die veränderte Denkweise und die Beurteilung, die der später gewonnene Standpunkt mit sich brachte, beeinflußt erscheint. Nicht selten verwandelt sich die Geschichtserzählung in eine zusammenfassende Reflexion, eine von religiösen Motiven geleitete Betrachtung. Und zuletzt: wie die Angaben nicht erschöpfend sind, weil sie es gar nicht sein wollen, so auch bringt es die Anlage der Schrift mit sich, daß die chronologische Reihenfolge nicht strenge durchgeführt ist. Nicht überall lassen sich die Erlebnisse seines Innern, an deren Hervorhebung ihm vor allem gelegen ist, dem Laufe der äußeren Begebenheiten mit zuversichtlicher Bestimmtheit einordnen. Liest man darum das Buch, nicht um sich daran zu erheben, sondern um es als Quelle zu benutzen, so darf man nicht jede Kritik beiseite lassen.

Auf Veranlassung seiner Mutter, welche der Vater gewähren ließ, wurde Augustinus in frühem Kindesalter unter die Katechumenen und damit in die christliche Gemeinschaft aufgenommen, die Taufe aber empfing er nicht. Der Gebrauch, dieselbe zu verschieben, war im vierten Jahrhundert ziemlich verbreitet, das bekannteste Beispiel ist Kaiser Konstantin, der damit bis an sein Lebensende wartete. Bei den einen entsprang er der Bequemlichkeit, die dadurch geringerem Zwange unterworfen zu sein glaubte, bei den andern der Furcht vor den Verirrungen des Lebens. Augustin erzählt, daß er einst von schwerer Krankheit ergriffen sehnlichst darnach verlangte, getauft zu werden. Monika wollte auf seinen Wunsch eingehen, aber ehe es möglich war, ihn zu erfüllen, genas der Kranke, und nun wurde die Taufe abermals verschoben.

Die Konfessionen berichten von kindischen Fehlern und kindischen Sorgen, von Knabenspielen und Knabenstreichen, die sich dem strengen Blick des rückschauenden Verfassers als nichtige Thorheiten oder strafbare Verfehlungen darstellen. Daß er durch seine natürlichen Anlagen die Genossen weit überflügelte, schließen wir aus den ehrgeizigen Plänen des Vaters, der bemüht war, ihm eine allseitigere und gründlichere Bildung zu verschaffen, als es die Regel bei seinen Standesgenossen war und seinen Vermögensverhältnissen entsprach. In Thagaste mag es wohl nur jene ‚ersten Lehrer‘ gegeben haben, welche die Kinder in den Elementarfächern unterrichteten, daher wurde der Knabe frühzeitig in das etwa vierundzwanzig Kilometer entfernte Madaura geschickt. Die Stadt, in fruchtbarer, wasserreicher Gegend gelegen, war von alters her ein Zentralpunkt römischen Einflusses, wo Wissenschaften und Künste blühten. Hier, in seiner Vaterstadt, hatte zweihundert Jahre früher Apulejus, einer der bekanntesten unter den lateinischen Schriftstellern afrikanischer Herkunft, die ersten Grundlagen litterarischer Bildung gewonnen.

Stufen und Gang dieser Bildung waren seit Jahrhunderten festgelegt und in allen Provinzen des römischen Reichs die gleichen. Auf den ersten Elementarunterricht folgte die Grammatik, sodann die Rhetorik. Die erstere aber umfaßte weit mehr, als nur die Anleitung, richtig zu sprechen und zu schreiben. Sie bestand vor allem in der eingehendsten Beschäftigung mit den Werken der Dichter und der angesehensten Prosaschriftsteller, die man las und immer wieder las, dem Gedächtnisse einprägte und nach allen Richtungen erläuterte. Der Lehrer hatte nicht nur das Grammatikalische in unserm Sinne vorzutragen und dazu Metrik und Rhythmik, sondern auch den sachlichen Inhalt nach allen möglichen Beziehungen erschöpfend zu erklären. Sein Fach wuchs sich so zu einer Enzyklopädie der Wissenschaften aus; fast der gesamte Wissensstoff, über den das Altertum verfügte, gelangte unter der Etikette der Grammatik an die lernbegierige Jugend.

Das ganze Unterrichtswesen, ja der Sinn für Bildung war den Römern von den Griechen zugekommen, und griechische Sprache und Litteratur spielen von Anfang an und die längste Zeit hindurch darin die wichtigste Rolle. Auffallend aber ist, wie seit dem vierten Jahrhundert im Abendlande das Interesse am Griechischen zurücktritt. Der Dichter Ausonius, dem wir interessante Mitteilungen über das Unterrichtswesen dieser Zeit verdanken, bezeugt es für Gallien. In Afrika, wo zu Apulejus Zeiten beide Sprachen den Gebildeten gleichmäßig geläufig waren, scheint es ebenso gewesen zu sein. Augustinus erzählt, daß er nur mit größtem Widerwillen die griechische Sprache erlernt und die Abneigung dagegen auch auf die Schriften der Griechen, trotz ihrem anziehenden Inhalte, übertragen habe. Doch war die Kenntnis, welche er späterhin davon besaß, so gering nicht, wie zuweilen angenommen wird. Er verstand Sinn und Bedeutung griechischer Wörter und war imstande, griechische Texte mit den lateinischen Uebersetzungen zu vergleichen und auch mit einiger Mühe ganze griechische Traktate zu lesen.

Weit mehr aber fesselten ihn in der Jugendzeit die römischen Dichter, Vergil vor allen. Seine Phantasie war angefüllt mit ihren Gestalten; er klagte um die verlassene Dido, und es schmerzte ihn, wenn man ihn vom Lesen all der Fabelwerke abhalten wollte.

Höher noch in der allgemeinen Wertschätzung als die Grammatik stand die Rhetorik. Mit dem Aufkommen des Kaisertums hatte die Beredsamkeit ihre Sich gewählt ausdrücken, eine wohl abgemessene, klangvoll auslautende Periode bauen zu können, war Erfordernis für jeden, der zur gebildeten Gesellschaft ge-

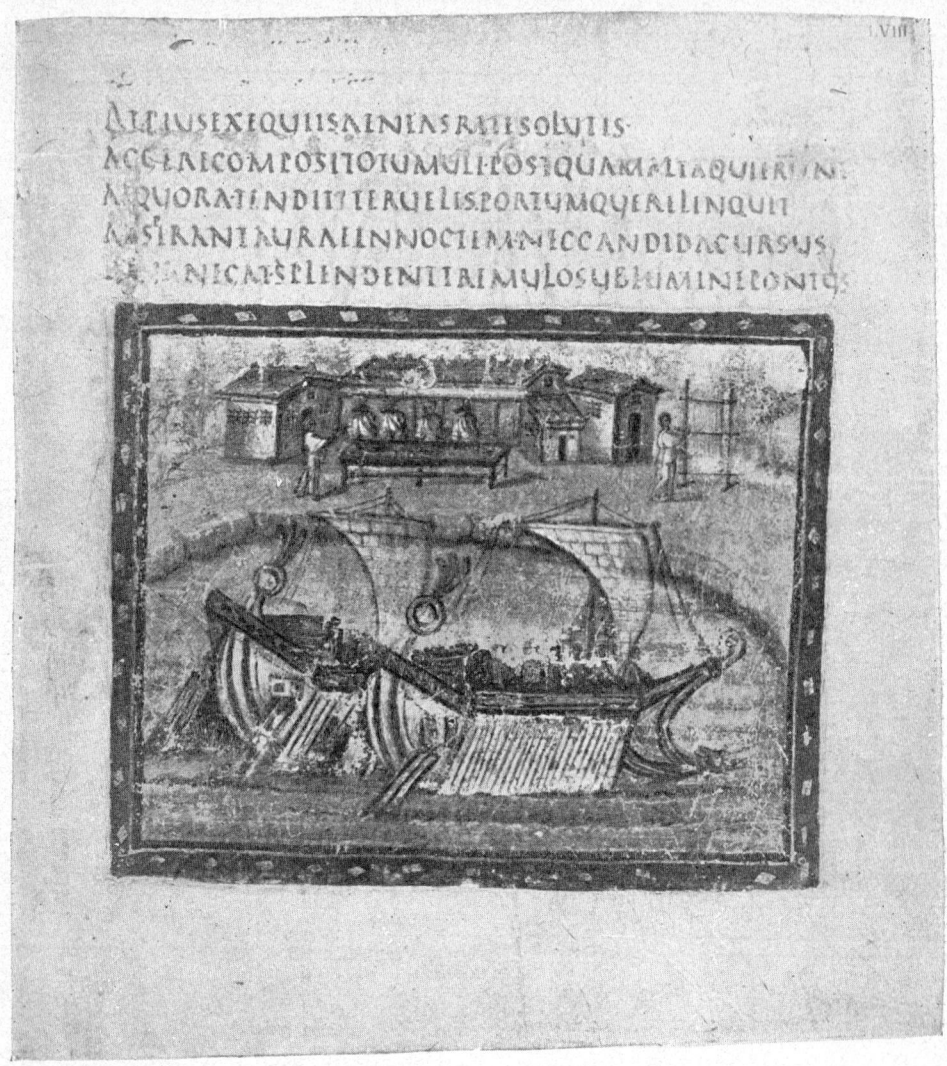

Abb. 6 · Vergil=Handschrift aus dem 5. Jahrhundert
(Vatikanische Bibliothek)

Bedeutung für das öffentliche Leben eingebüßt, aber die Freude daran war nicht vermindert worden. Die politischen Kämpfe waren verstummt, aber voller Bewunderung lauschte man in Rom wie in den Provinzen den Vorträgen der griechischen Sophisten und der römischen Redekünstler. zählt werden wollte. Die gesuchte Eleganz der Rede, die Feinheit des Ausdrucks, die künstlichen Wendungen, welche man in den Schulen der Rhetoren lernte, und welche diese so meisterhaft zu handhaben wußten, galten als das Merkmal, durch welches sich der Römer von dem Barbaren

schied. Und die unterworfenen Völker beeilten sich, nicht nur die Sprache, sondern auch die Sprechweise der Sieger anzunehmen. Im Gefolge der Heere erschienen die Rhetoren, um die Eroberung zu vollenden. Der ausgestreute Samen fiel überall auf fruchtbaren Boden; aus den Schülern wurden Lehrer. In der Litteratur der Kaiserzeit verliert das italische Mutterland die Führung, welche der Reihe nach auf Spanien, Nordafrika, Gallien übergeht. Für den Bildungseifer Nordafrikas legen noch heute erhaltene Inschriften Zeugnis ab, Afrikaner erschienen seit dem Zeitalter der Antonine unter den berühmten römischen Rednern und Schriftstellern.

Unter diesen Umständen war es natürlich, daß auch im Unterrichtswesen die Rhetorik der Grammatik den Rang ablief. Sie erschien nicht so sehr als die letzte Vollendung, sondern als das Ganze und die Hauptsache, wozu das früher gelernte nur die Vorbereitung zu bilden hatte. Es galt nicht nur, sich eine ausgebildete Theorie anzueignen, welche für alles, Satzbau und Deklamation, die Gesten und die äußere Erscheinung des Redners ihre bestimmten Regeln hatte, sondern ganz vorzüglich, dieselbe durch praktische Bethätigung anwenden zu lernen. Den Schülern wurde die Aufgabe gestellt, eine Rede zu halten, wie sie einer bestimmten Situation entsprach, mochte diese nun der wirklichen oder einer fabelhaften Welt angehören. Jetzt mußten sie die Wahrheit eines Satzes und ein andermal die seines Gegenteils darthun. „Mir war befohlen", berichtet Augustinus aus seiner Schulzeit, „die Worte der zürnenden Juno zu sprechen, welche darüber klagt, daß sie den König der Teukrer nicht von Italien fernhalten könne, und die Hoffnung auf Lohn und Auszeichnung wie die Furcht vor Schlägen machten meine Seele zittern. Ich hatte freilich niemals solche Worte von ihr gehört, aber man verlangte von uns, daß wir den Spuren der Dichter und ihren Einbildungen nachirrend, das was der Dichter in seinen Versen gesagt hatte, in ungebundener Rede ausführen sollten. Und je besser es einer verstand, die Affekte des Zornes und des Schmerzes lebendig und so, wie es der dargestellten Persönlichkeit entsprach, hervortreten zu lassen, indem er zugleich die Gedanken in angemessene Worte kleidete, desto größeres Lob erwarb er mit seiner Rede. Was half es mir, mein wahres Leben, mein Gott, daß mir meines Vortrags wegen vor vielen meiner Mitschüler und Altersgenossen Beifall gezollt wurde? War das nicht alles Rauch und Wind? Gab es denn nichts anderes, um meinen Geist und meine Zunge zu üben?"

Der Wertschätzung der Rhetorik entsprach das Ansehen, dessen die Rhetoren sich erfreuten. Die Lage der Elementarlehrer war in der antiken Welt in der Regel eine recht kümmerliche. Man wird annehmen müssen, daß es deren, die sich anboten, diese bescheidensten und unentbehrlichsten Künste gegen Entgelt zu lehren, jederzeit und allerwärts eine große Anzahl gab. Die Gesetzgebung der Kaiserzeit erwähnt ihrer, um sie in ihre Schranken zu weisen. Sie haben keinen Anspruch auf die Privilegien der Grammatiker und Rhetoren, immerhin sollen auch die Statthalter der Provinzen darüber wachen, daß sie nicht mit Steuern und Lasten belegt werden, die sie in ihrer Armut nicht aufzubringen vermögen. Weit besser standen sich von Anfang an die beiden anderen, deren Unterricht nur für die Söhne der begüterten Klassen bestimmt war. Zuerst hatten sie diesen in den einzelnen Häusern und als Angehörige derselben erteilt, aber während dies für die Väter mit großen Kosten verbunden war, welche nicht viele aufwenden konnten oder mochten, war es umgekehrt für die Lehrer vorteilhafter, eine Anzahl von Schülern um sich zu versammeln. Sueton (70—140) berichtet, daß es in Rom zu einer bestimmten Zeit zwanzig solcherart entstandenen Schulen gab, welche großen Zuspruch hatten. Aber nicht immer und nicht überall war der Erfolg der gleiche. Nur wenige mögen in der Lage eines Remmius Palämon gewesen sein, welcher 400000 Sesterzen — 68000 Mark — im Jahre einnahm. Privatschulen dieser Art begegnen daher zwar noch bis ins fünfte Jahrhundert, aber man begreift, daß die Mehrzahl der Lehrer es vorzog, eine aus dem Gemeindesäckel oder dem kaiserlichen Fiskus bezahlte Stelle zu bekleiden. Schon die ersten Kaiser hatten ihnen reichliche Immunitäten gewährt: Freiheit vom Militärdienst, von richterlichen Funktionen, von der schwer drückenden Einquartierungslast. Ein Edikt des Antoninus Pius setzte fest, wie viele in den einzelnen Städten, je nach der Bedeutung derselben, dieser Vorteile teilhaftig werden sollten. Aber schon Vespasian hatte dem Lehrer der Rhetorik in Rom einen Jahresgehalt von 100000 Sesterzen — 17000 Mark — angewiesen. Der erste, dem diese Einrichtung zu gute kam, war Quintilian, selbst ein gefeierter Redner und Verfasser eines berühmten Werks über die Beredtsamkeit. Andere Kaiser folgten diesem Beispiele und errichteten auch außerhalb Roms Lehrstühle für Grammatik und Rhetorik oder auch, wie Mark Aurel in Athen, für Philosophie. Nicht immer war es der kaiserliche Schatz, aus dem die Besoldung entnommen wurde, vielmehr zogen die Kaiser in vielen Fällen vor, den Städten die Verpflichtung aufzuerlegen, aus ihren Mitteln dafür aufzukommen. Das stieß gelegentlich auf Widerstand oder geringe Bereitwilligkeit, und wiederholte kaiserliche Befehle mußten den säumigen Magistraten die Erfüllung einschärfen.

So winkte dem Redner und Lehrer der Beredsamkeit die Aussicht auf eine wohl dotierte Stelle oder auf das Honorar zahlreicher Schüler. Und das war noch nicht alles. Es kam nicht selten vor, daß die Rhetoren an den kaiserlichen Hof gezogen, daß ihnen die Erziehung der Prinzen übertragen, daß sie zu politischen Missionen verwendet, zu Konsuln und Statthaltern ernannt wurden. Grund genug für ehrgeizige Väter talentvoller Söhne, die letzteren unter Aufbietung aller Kräfte einer solchen Laufbahn zuzuführen.

Von Madaura kehrte Augustinus zunächst nach Thagaste zurück. Patrizius gedachte ihn zur Vollendung seiner Studien nach Karthago zu schicken, aber vorläufig fehlten ihm dazu die Mittel. So verbrachte Augustinus eine müßige Zeit im Hause seiner Eltern, während deren er das sechzehnte Lebensjahr vollendete. Die afrikanische Sonne hatte seine körperliche Entwickelung zur Reife gebracht, in seinen Adern floß das heiße Blut seiner Landsleute, die Leidenschaften erwachten. Alle Welt weiß, daß er sich in seiner Jugend Ausschweifungen hingegeben hat. Sie weiß es, weil er selbst sein schonungsloser Ankläger geworden ist. Erfüllt von der ganzen Hoheit und Strenge christlicher Sittenlehre beweinte er jene Verirrungen als schwere Sünden. Landläufige, weltmännische Moral aber, die dergleichen allzugerne verzeiht, hat kein Recht, Steine auf ihn zu werfen. „Was war es", heißt es in den Konfessionen, „was war es, was mich ergötzte, als zu lieben und geliebt zu werden? Aber es blieb nicht bei dem Verkehr von Seele zu Seele; ich überschritt das helle Reich der Freundschaft, aus dem Schlamm der Begierde, aus dem Sprudel der Jugendkraft stiegen Nebel auf und umwölkten und verfinsterten mein Herz, daß es den hellen Glanz der Liebe nicht von der Finsternis der Begierde zu scheiden wußte."

Nach Jahresfrist begab er sich nach Karthago, wozu neben seinem Vater ein reicher Mitbürger, Romanianus, die Mittel bot. Die am Ende des dritten punischen Krieges zerstörte und dem Erdboden gleich gemachte Stadt (146 v. Chr.) war unter Augustus wieder aufgebaut worden und rasch zu neuer Blüte emporgediehen. Nach dem Ausspruche eines Zeitgenossen stand sie im vierten nachchristlichen Jahrhundert nur wenig hinter Rom zurück. Was die damalige Zeit an materieller und geistiger Kultur aufzuweisen hatte, müssen wir uns hier vereinigt denken: Handel und Verkehr, Wissenschaft und Kunst, prunkende Gebäude, Tempel und Bäder, gelehrte Schulen und öffentliche Spiele, Luxus und raffinierten Lebensgenuß. Daß Augustinus in solcher Umgebung, wo alles zur Ueppigkeit aufforderte, sich selbst überlassen oder inmitten von zuchtlosen Gefährten, die einmal eingeschlagene Lebensweise nicht aufgab, kann nicht wundernehmen. Neben den Liebschaften fesselte ihn jetzt das Theater. In den reuevollen Bericht der Konfessionen hat er später die eindringende Erörterung des psychologischen Problems verflochten: was ist der Grund des tragischen Genusses? „Was hat es zu bedeuten, daß der Mensch dort Schmerz empfinden will im Anschauen trauriger und tragischer Dinge, die er doch niemals selbst erdulden möchte? Und dennoch will der Zuschauer Schmerz davon erdulden, und eben der Schmerz ist seine Lust. Was kann das anders sein als leidenvolle Gemüts= krankheit? Der Zuschauer wird ja nicht zum Beistand angerufen, sondern zum Schmerz eingeladen; je heftiger der Schmerz, desto mehr Beifall erhält der Darsteller dieser Bilder. Und würden

Augustinus wird nicht müde, die Ver= worfenheit jener Jahre zu beklagen. Auch daß er dabei bemüht war, den Schein äußerlicher Ehrbarkeit zu wahren, dünkt ihm jetzt nur sträfliche Eitelkeit, ebenso wie die Wertschätzung der Triumphe, die er als hochbegabter Schüler in der Schule der Beredtsamkeit erntete. Andere mögen weit weniger ungünstig über ihn geurteilt haben. Das einzige Zeugnis, das wir be= sitzen, ist das eines schismatischen Bischofs, Vinzentius, der sich noch nach dreißig Jahren jener Zeit erinnerte, da er ihn

Abb. 7 · Heutige Ansicht des Hafens von Karthago

die Jammerschicksale, welche ja längst verschollen oder erlogen sind, so dar= gestellt, daß der Zuschauer keinen Schmerz empfände, so ginge er gelangweilt und unzufrieden davon; schmerzt es ihn aber, so bleibt er aufmerksam sitzen, und während seine Thränen fließen, freut er sich. Liebt man also etwa auch die Schmerzen? Aber sicherlich wünscht doch jeder sich Freuden. Oder will gar niemand leidend, aber wohl mitleidend sein, und weil dies ohne Schmerz nicht abgeht, so werden in diesem einzigen Falle die Schmerzen geliebt. Auch dies entspringt jenem Quell hingebender Menschenliebe".

als einen dem Studium ergebenen fleißigen und sittsamen Jüngling gekannt hatte.

Als einen ersten Markstein in dem Entwicklungsgange, welcher ihn aus der Hingabe an die Außenwelt, aus Genuß= sucht und Ruhmbegierde einer höheren Lebensauffassung entgegenführte, nennt Augustin seine Bekanntschaft mit dem Hortensius des Cicero. Das Buch, eine Aufmunterung zur Beschäftigung mit der Philosophie brachte eine völlige Sinnes= änderung in ihm hervor. „Plötzlich ver= welkte jede eitle Hoffnung, mit unglaub= licher Glut des Herzens verlangte ich nach unsterblicher Weisheit und ich machte mich auf, zu dir, o Herr, zurückzukehren. Nicht um mit dem Gelde meiner Mutter meine Zunge zu schärfen — ich war neunzehn Jahre alt und seit zwei Jahren des Vaters beraubt —, nicht um meine Zunge zu schärfen, las ich jenes Buch; nicht seine Sprache, sondern sein Inhalt hatte es mir angethan." „Darum erfreute mich jene Mahnung, weil sie mich aufforderte, nicht diese oder jene Philosophenschule, sondern die Weisheit selbst, wie beschaffen sie auch sein mochte, zu lieben, zu suchen, ihr zu folgen, sie zu ergreifen und standhaft festzuhalten; und ich wurde entzündet und brannte. Nur das dämpfte meine Glut, daß ich den Namen Christi dort nicht fand. Denn nach deiner Erbarmung, o Herr, hatte mein junges Herz schon mit der Muttermilch diesen Namen, den Namen meines Erlösers, deines Sohnes, eingesogen und festgehalten, und wo jener Name fehlte, wie gelehrt und gefeilt und wie wahr etwas im übrigen sein mochte, es konnte mich nicht völlig gefangen nehmen." — Das war das Erbgut, welches ihm Monika mitgegeben hatte und das ihm auch in allen bisherigen Verirrungen nicht abhanden gekommen war.

Der Hortensius des Cicero ist verloren gegangen. Die wenigen Bruchstücke, die wir davon besitzen, verdanken wir Augustin, und man wird kaum fehlgehen in der Annahme, daß die Sätze, die ihm nach langen Jahren noch geläufig waren, so daß er sie an verschiedenen Stellen seiner theologischen Schriften anführte, eben die waren, die damals jenen tiefen Eindruck auf ihn gemacht hatten.

Ein neuer Trieb war in ihm erwacht. Unter Nachwirkung der ersten Eindrücke aus der Kinderzeit griff er nach der heil. Schrift. Aber nun stieß ihn die Form zurück. Statt des Ciceronianischen Schwungs der Rede, statt jenes Satzbaues und jener Ausdrucksweise, die man ihn gelehrt hatte als die einzig richtigen anzusehen und nachzuahmen, fand er hier ein stammelndes Latein, das mit Mühe den Sinn des in einer anderen Sprache Abgefaßten wiederzugeben suchte. Wie hätte ihm genügen können, was in so unscheinbaren Gefäßen gereicht wurde? Aber wo sollte er die Weisheit finden, nach der er verlangte? Da geriet er in die Gemeinschaft der Manichäer.

Seit etwa fünfzig Jahren hatte die Religion des Mani angefangen, sich im Abendlande auszubreiten und namentlich im römischen Afrika zahlreiche Anhänger gefunden. Ueber das Leben ihres Stifters ist Sicheres nicht bekannt. Das nach ihm benannte Religionssystem unterscheidet sich sehr wesentlich von den verschiedenartigen Sekten, welche die ersten christlichen Jahrhunderte anfüllen. Dürfen wir den Ergebnissen neuerer Forschungen Glauben schenken, so ist es gar nicht auf dem Boden des Christentums entstanden. Seine Grundlage ist die altbabylonische Naturreligion, die unter Aufnahme parsischer und christlicher, vielleicht auch buddhistischer Elemente zu einer phantastischen Kosmologie mit darauf aufgebauter Sittenlehre ausgestaltet wurde. Am bekanntesten ist der schroff dualistische Grundgedanke. Ein gutes und ein böses Prinzip stehen sich in Gestalt der beiden Reiche des Lichtes und der Finsternis feindlich und unversöhnlich gegenüber. Die Entstehung der Welt wird auf einen Einbruch der bösen Dämonen in das Lichtreich zurückgeführt. Diese rissen zahlreiche Lichtelemente an sich, die nun wie Gefangene in der Erde und den dieselbe bedeckenden Lebewesen eingeschlossen sind. In Uebereinstimmung damit erscheint auch das, was Erlösung genannt wird, nur in Gestalt eines physikalischen Prozesses, in welchem durch allerhand Vermittelungen hindurch die zersprengten Lichtelemente in das ewige Lichtreich zurückgebracht werden. Mit der katholischen Kirche scheint Mani keine Berührung gehabt zu haben, wohl aber mit christlichen Sekten. Jesus ist ihm einer der Propheten, die aus der Lichtwelt herabgesandt wurden, die Menschen zur Erkenntnis der Wahrheit und damit zur Befreiung aus der Verstrickung in die Materie und das Böse zu führen. Dies war jedoch nicht der historische, nicht der Jesus der Evangelien, sondern ein anderer, der nur einen Scheinleib angenommen hatte und daher weder leiden noch sterben konnte. Die Vollendung der Offenbarung aber geschah durch Mani, den Paraklet, wie er selbst sich bereits genannt zu haben scheint. Mit den Büchern des Neuen Testaments und ihren Erzählungen schaltete er in völliger Willkür, das eine annehmend und das andere verwerfend. Das Alte Testament verwarf er gänzlich. Die manichäische Sittenlehre verbot den Genuß von Fleisch und Wein, alle Beschäftigung mit den Dingen, sofern sie Elemente der Finsternis in sich tragen, und endlich die Ehe. Pflanzenkost war erlaubt, weil in der Pflanze mehr Licht enthalten ist, aber das Töten derselben, das Abbrechen der Zweige und Früchte galt als Sünde. Da die strenge Durchführung dieser Bestimmungen nicht möglich gewesen wäre, halfen sich die Manichäer durch die Unterscheidung zwischen den ‚Auserwählten‘ und den bloßen Hörern. Die letzteren brachten den Auserwählten die Pflanzennahrung, dafür erhielten sie Vergebung für die bei der Beschaffung begangenen Sünden, von den Auserwählten aber lehrten sie, daß sie durch Verzehren der Pflanzen die darin enthaltenen Lichtelemente zur Erlösung brächten. Solchen, die außerhalb der Gemeinschaft stehen, darf der Manichäer keinerlei Speisen darreichen. Abgesehen von der erwähnten Einteilung in die beiden Klassen gab es noch eine weitere hierarchische Gliederung, Lehrer, Bischöfe und Presbyter, und, wie es scheint, eine oberste monarchische Spitze. Der Kultus, an dem die Hörer teilnahmen, war höchst einfach; er bestand im wesentlichen in Gebeten an den Lichtgott, denen Waschungen vorangingen. Dagegen begingen die Auserwählten besondere Feste und Mysterien, von denen die Berichterstatter in der Regel nichts sicheres wissen, bezüglich deren sie aber den schlimmsten Verdacht äußern. Als die Manichäer in die römische Welt eindrangen, brachte es teils die Natur der Dinge, teils das Interesse der Propaganda mit sich, daß sie christlichen Elementen in größerem Umfange Aufnahme verstatteten und sich den Katholiken als halben Christen gegenüber wohl gar als die Vertreter eines besseren und volleren Christentums geberdeten. Namentlich aber liebten sie es, bei den Gebildeten mit ihrem wissenschaftlichen Sinn, ihrer durch keine Autorität gebundenen Forschungsfreiheit und ganz besonders mit ihrer Bibelkritik und ihrer abfälligen Beurteilung des Alten Testaments groß zu thun. Dazu hatten sie die Dogmen beseitigt, an denen die Heiden vorzüglich Anstoß nahmen, die Menschwerdung Christi und die Auferstehung des Fleisches, und sie hatten endlich ernsteren Geistern, welche mit dem Problem des Uebels in der Welt rangen, einen scheinbaren Ausweg eröffnet, indem sie das Uebel und das Böse als eine ursprüngliche Weltmacht erklärten.

„Was war es", sagt Augustinus in einer seiner späteren Schriften, „was war es, was mich veranlaßte, beinahe neun Jahre lang jenen Menschen anzuhangen, unter Verachtung der mir als Kind von meinen Eltern eingeflößten Religion, als daß sie behaupteten, wir würden durch Aberglauben in Schrecken gehalten und es werde uns befohlen zu glauben vor jeder vernünftigen Einsicht. Sie dagegen drängten keinen zu glauben, ohne zuvor die Warheit erörtert und klar gelegt zu haben. Wen sollten solche Verheißungen nicht locken? Und zumal einen jugendlichen, nach Erkenntnis der Wahrheit verlangenden Geist, noch dazu wenn ihn die Redekämpfe in den Schulen der Gelehrten stolz und schwatzhaft gemacht haben? So aber fanden mich jene damals. Ich verachtete die vermeintlichen Ammenmärchen und war begierig, die von ihnen verheißene offene und rückhaltlose Wahrheit zu ergreifen und mich von ihr erfüllen zu lassen."

Ein brennender Durst nach Erkenntnis erfüllte ihn. „O Wahrheit, Wahrheit", ruft er noch in den Konfessionen aus, „wie innig seufzte damals das Mark meiner Seele nach dir, während jene unaufhörlich von dir redeten, nicht nur in Worten, sondern auch in zahlreichen und umfangreichen Schriften. Das waren die Gerichte, die sie mir, dem Hungrigen, auftrugen und in denen sie mir statt deiner die Sonne und den Mond darboten, deine schönen Werke, aber eben nur deine Werke, nicht du selbst. Und unter diesen nicht einmal die ersten, denn jenen körperlichen, obzwar glänzenden und himmlischen, gehen deine geistigen Werke voran. Aber auch diese waren es nicht, wonach ich hungerte und dürstete, sondern du selbst, du, o Wahrheit, in der kein Wechsel und kein Schatten von Veränderung ist. Und des weiteren setzten sie mir allerlei Phantasiegebilde vor. Besser in der That war es noch, die Sonne zu lieben, die doch ein Wirkliches für das Auge ist, als jene Trugbilder, die einem von falschem Sinnenscheine berückten Geiste entstammten. Aber weil ich vermeinte, dich darin zu finden, kostete ich davon, nicht begierig zwar, denn es war nicht der Geschmack deines Wesens, was der Mund meines Geistes empfand. Und du warst ja auch nicht in jenen leeren Wahnvorstellungen, und sie nährten mich nicht, sondern ich wurde nur noch elender .... Wehe, wehe, auf welchen Stufen wurde ich in die Tiefe der Hölle geführt, denn ich mühte mich ab und wurde von dem Verlangen nach Wahrheit gepeinigt, während ich dich, mein Gott, nicht mit der Einsicht des Verstandes, durch welche du mich über die unvernünftigen Tiere erheben wolltest, sondern mit fleischlichem Sinne suchte ...." Die Frage nach dem Ursprunge des Uebels verwirrte ihn, ebenso wie die Einwürfe der Manichäer gegen das Alte Testament. Er kannte die Auslegungen nicht, durch welche die katholische Theologie das Anstößige einzelner Stellen zu beseitigen wußte. Selbst ganz und gar in seinen Gedanken am Körperlichen haftend, vermochte er nicht, den Materialismus der manichäischen Kosmologie zu überwinden.

Monika aber weinte um den verirrten Sohn, ‚mehr als andere Mütter ihre leiblichen Toten beweinen'. Sie hörte nicht auf, für ihn zu weinen und zu beten und erhielt das Trostwort eines frommen Bischofs, daß „ein Sohn solcher Thränen nicht verloren gehen könne".

Zunächst freilich knüpfte Augustinus die Verbindung mit der Sekte nur immer fester und gewann auch andere für dieselbe, so seinen Gönner Romanianus und seinen Freund Alypius, von dem später die Rede sein wird. Was wir von den Einzelheiten der Lehre wissen, mutet uns seltsam, ja thöricht und lächerlich an, und wir begreifen heute kaum, wie verständige Männer sich damit befassen konnten. Von den Motiven, die bei Augustinus wirksam waren, ist ein Teil mit seinen eigenen Worten angeführt worden. Wohl möglich aber auch, daß die phantastische Form, in der die Orientalen jederzeit kosmologische und ethische Probleme zu behandeln pflegten, und die bizarre Poesie, mit welcher die Manichäer den Kampf zwischen Licht und Finsternis schilderten, bei dem jungen Afrikaner verwandte Saiten anklingen ließen. Hatte ihn die Lektüre des Hortensius für kurze Zeit die Schwingen regen lassen, um den höchsten Zielen entgegenzufliegen, so fesselten ihn nun auf Jahre hinaus die Nichtigkeiten seiner Religionsgenossen.

Aus dem Schüler war er inzwischen zum Lehrer geworden. Zuerst erteilte er Unterricht in der Grammatik in dem kleinen Thagaste, vertauschte dasselbe aber nach einiger Zeit mit Karthago, wo sich für einen Mann seiner Gaben ein weit ergiebigeres Feld der Thätigkeit eröffnen mußte. Den Ausschlag für die Uebersiedelung, welche ihm auch diesmal durch die Freigebigkeit des Romanianus ermöglicht wurde, gab der Tod eines Jugendfreundes, an dem er mit der größten Zärtlichkeit gehangen hatte. In den Kapiteln der Konfessionen, in denen er des Vorfalls gedenkt, zittert viele Jahre später noch der Schmerz seiner leidenschaftlichen Seele nach und durchbricht die Erörterungen eines geläuterten Verstandes und die festen Linien, die sein veränderter, allein auf das Göttliche gerichteter Sinn den Regungen des Herzens vorzeichnen möchte. Kein Wunder, wenn die Freunde auch an ihm hingen. Er besaß — die Thatsachen sprechen dafür, wenn er selbst auch keinerlei dahin gehende Andeutung macht — eine große persönliche Anziehungskraft. Damals und später, wenn er seinen Aufenthalt wechselte, folgten ihm Freunde nach, die sich nicht von ihm trennen wollten.

In Karthago scheint er rasch ein angesehener Lehrer der Rhetorik geworden zu sein. Auch öffentliche Prunkreden mag er gehalten und sich nach der Weise der Zeit an dichterischen Wettkämpfen beteiligt haben. Er selbst berichtet, daß ihm der Prokonsul einen Siegeskranz ‚auf das kranke Haupt' gesetzt habe. Folgendermaßen zieht er im Eingange des vierten Buchs der Konfessionen die Summe seines damaligen Lebens: „In derselben Zeit, neun Jahre lang, von meinem neunzehnten bis zu meinem neunundzwanzigsten Lebensjahre, ging ich in die Irre und führte in die Irre, betrogen und betrügerisch in mannigfachen Begierden; öffentlich mit Hilfe der sogenannten höheren Bildung, heimlich unter dem Vorwande der Religion; dort stolz, hier abergläubisch, überall nichtig. Dort ging ich dem eitlen Ruhme vor der Menge nach bis zum Beifallklatschen des Theaters und Streitgedichten und Wettkämpfen um vergängliche Kränze, den Nichtigkeiten des Schauspiels und der Unmäßigkeit der Begierden; hier erwartete ich, von all jenem Schmutze gereinigt zu werden, indem ich den sogenannten Auserwählten oder Heiligen Speisen zutrug, damit sie daraus in der Werkstatt ihres Magens Engel und Götter bereiten sollten, die mich befreien. Solcherlei betrieb ich mit meinen durch mich und mit mir betrogenen Freunden".

Vollständiger würden wir über die Gedanken und Anschauungen jener frühen Periode unterrichtet sein, wenn sich die Schrift ‚über das Schöne und Angemessene' erhalten hätte, welche er im Alter von etwa siebenundzwanzig Jahren verfaßte. Aus dem später von ihm darüber Mitgeteilten geht hervor, daß die ästhetischen Betrachtungen im Geiste der manichäischen Lehre gehalten waren.

Allmählich aber begann er in der Zuversicht wankend zu werden, womit er bisher dieser Lehre angehangen hatte.

Abb. 8 · Das heutige Karthago

Er war in all der Zeit über die Stufe eines Hörers nicht hinaus gekommen. Vielleicht wünschte man nicht, ihm in den intimen Kreis der Auserwählten Eingang zu verstatten, wahrscheinlich hegte er selbst Bedenken. Zum größten Anstoße aber gereichte es ihm, als er das Verhalten zahlreicher dieser Auserwählten sah, welches in keiner Weise mit den zur Schau getragenen asketischen Grundsätzen übereinstimmte. Und zu dem Zweifel an der Aufrichtigkeit ihrer Gesinnung kam in wachsendem Maße der Zweifel an der vermeintlichen Weisheit und Wissenschaft der Manichäer. Daß dieselbe zu einem großen Teile in einer phantastischen Naturlehre bestand, ist früher gesagt worden. Nun aber hatte sich Augustins reger Geist auch mit dem bekannt gemacht, was griechische Wissenschaft auf dem Gebiete der Naturerkenntnis zutage gefördert hatte. Er berichtet von Schriften der Philosophen, in denen er bewandert war und von denen er vieles im Gedächtnis behalten habe. An Aristoteles — wie wohl geschehen ist — darf man dabei nicht denken. Von ihm kannte er nur die Schrift ‚von den Kategorien‘, eine kleine, dem Bereiche der Logik angehörende Abhandlung, welche ihrer ganzen Beschaffenheit nach keinen Einfluß auf seine Geistesentwicklung ausüben konnte. Das von ihm Angeführte verweist vielmehr auf die Werke des Ptolomäus und seiner Ausleger, die er nach antikem Sprachgebrauche recht wohl den Philosophen zuzählen konnte. Was er dort fand an astronomischen Feststellungen und genauen, ‚von den Gestirnen sichtbar bestätigten‘ Berechnungen, verglich er mit den langen Fabeln der Manichäer, und der Vergleich fiel nicht zu Gunsten der letzteren aus. Hatte er jemals Gefallen an den poetischen Träumereien gehabt, vor dem, was sich ihm hier als Ergebnis nüchterner Verstandesarbeit darbot, konnten sie nicht standhalten. Auf dem spezifisch religiösen Gebiete hatte er schon immer die Manichäer stärker gefunden in der Bestreitung gegnerischer Ansichten, als in der Begründung der eigenen. Sie verstanden es, sagt er in einem geistreichen Bilde, alle anderen Brunnen zuzudecken, damit den Dürstenden nur übrig blieb, aus dem ihren zu trinken. Nun aber erlebte er, daß ein gewisser Helpidius in Karthago öffentlich gegen die Manichäer auftrat und erfolgreich ihre gegen die Autorität der heil. Schrift gerichteten Angriffe zurückwies.

Aeußerte er vor seinen Freunden seine Zweifel und Bedenken, so vertrösteten ihn diese auf die Ankunft des berühmten Faustus von Melive, eines manichäischen Bischofs, der damals unter ihnen das größte Ansehen genoß. Von diesem könne er über alles Aufklärung und Beruhigung erhalten. Jahrelang wartete er darauf, endlich traf Faustus in Karthago ein.

Augustinus schildert ihn als einen Mann von einnehmendem Wesen und gefälliger Redeweise, aber das allein genügte ihm jetzt nicht mehr. Zu größerer geistiger Reife fortgeschritten, hatte er gelernt, daß Schönheit der Form keine Bürgschaft für die Wahrheit des Inhalts gebe, sondern in geschmückten wie in schmucklosen Gefäßen ebensowohl gesunde wie schädliche Speisen dargereicht werden können. In öffentlicher Versammlung ließ Faustus sich auf eine Diskussion ein, als es aber Augustinus gelang, demselben näher zu treten, überraschte ihn die mangelhafte Bildung des berühmten Mannes, und als er ihm die Fragen vorlegte, die ihn bedrückten, gestand Faustus bereitwillig ein, daß er von diesen Dingen nichts verstehe. Stach nun auch diese Bescheidenheit vorteilhaft ab gegen das Verhalten der unwissenden Schwätzer, mit denen Augustinus bisher zu thun gehabt hatte, so untergrub sie doch erst recht sein Vertrauen in die manichäische Weisheit überhaupt. Denn bei allen verwickelten und schwierigen Fragen traf er bei Faustus auf das gleiche Bekenntnis. Die gefeierte Leuchte des Bundes war angenehm im Verkehr und ein gewandter Redner, aber oberflächlich und unwissend. Dieses Urteil Augustins wird auch durch neuere Rettungsversuche nicht umgestoßen. Trotz alledem brach er seine Beziehungen zu der Sekte nicht ab, sondern wollte in Ruhe zuwarten, bis sich ihm etwas Besseres darböte.

In das Jahr 383 fällt dagegen eine andere und folgenreiche Aenderung in seinem Leben. Der Aufenthalt in Karthago behagte ihm nicht mehr. Was ihm denselben vorzüglich verleidete, war die Zügellosigkeit der dortigen studierenden Jugend, die es als ihr durch strafloses Gewohnheit geheiligtes Recht in Anspruch nahm, jederzeit in die Vorlesungen der Professoren einzudringen, auch wenn sie nichts dort zu thun hatte, und durch allerhand gröblichen Unfug die Ordnung zu stören. Er hatte sich selbst als Studierender von diesem Treiben ferne gehalten, wollte es aber auch jetzt als Lehrer nicht länger ertragen. Man hatte ihm gesagt, daß in Rom strenge Zucht herrsche und derartiges dort nicht zu befürchten sei. So entschloß er sich, nach der alten Hauptstadt des Reiches überzusiedeln.

Monika war über diesen Beschluß untröstlich. Sie beschwor den Sohn, zu bleiben oder sie mit sich zu nehmen. Sie begleitete ihn ans Meer und versuchte, ihn mit Gewalt zurückzuhalten. Um sie zu beschwichtigen, gab Augustinus vor, er wolle bis zum Eintreten günstigen Windes bei einem Freunde einkehren, und überredete sie, in der Nähe der Abfahrtsstelle, bei der Gedächtniskirche des heiligen Cyprian, die Nacht zuzubringen. In der Nacht, während sie weinte und betete, fuhr er heimlich davon. Der Wind wehte und entzog, die Segel füllend, den Augen der Reisenden das Ufer, wo am frühen Morgen Monika wehklagend stand. Sie weinte, heißt es in den Konfessionen, als hätte Gott ihr Flehen verachtet, denn nach Art der Mütter, in der sie es freilich vielen zuvorthat, wünschte sie den Sohn bei sich zu haben. Sie wußte nicht, welche Freude ihr aus seiner Entfernung erwachsen sollte.

In Rom nahm Augustinus bei einem Manichäer Wohnung, deren es in der dortigen gelehrten Welt damals nicht ganz wenige gegeben zu haben scheint. Man hat den Eindruck, daß die Zugehörigkeit zu der Sekte als Empfehlung in der Fremde wirkte und den Anspruch auf die Unterstützung der Gesinnungsgenossen begründete, und kann annehmen, daß diese, seitdem strenge kaiserliche Gesetze gegen sie ergangen waren, sich im geheimen noch enger an einander angeschlossen hatten. Im Hause des Gastfreunds überstand Augustinus eine schwere Krankheit, von der er alsbald nach seiner Ankunft befallen worden war. Den neuen Freunden gegenüber machte er kein Hehl daraus, daß seine innerliche Verbindung mit ihnen gelockert war und er ihre thörichten Fabeln verachtete. Gleicherweise aber verachtete er die katholische Kirche, insbesondere war es die Lehre von der Menschwerdung, die ihn abstieß. Anderseits war der dualistische Gedanke ihm sympathisch. Gibt es ein Böses als ursprüngliche Naturmacht, so ist der Mensch freilich jeder quälenden eigenen Verantwortung enthoben. Und warum sollten Gutes und Böses nicht einander gegenüberstehen wie zwei selbständige Wirklichkeiten, wie Licht und Materie, wie zwei ungeheuere, einander begrenzende Massen? Vielleicht ist es so, vielleicht auch nicht. Denn nun brach ein viel weiter greifender Zweifel durch: Gibt es denn eine sichere Erkenntnis? Sind nicht vielleicht die Akademiker im Recht, jene Philosophenschule, welche gelehrt hatte, den Menschen sei die Wahrheit unzugänglich?

So wogten die Gedanken in seinem Innern hin und her, während er bemüht war, sich eine neue Existenz zu gründen. Die Aussichten, die ihn nach Rom geführt hatten, verwirklichten sich nur halb. Es gab dort zahlreiche und berühmte Lehrer, mit denen der unbekannte Afrikaner nur schwer in einen erfolgreichen Wettbewerb

Abb. 9 • Benozzo Gozzoli
Augustin nimmt Abschied von seiner Mutter

treten konnte. Unter den Schülern fand er zwar nicht jene Zuchtlosigkeit wie in Karthago, dafür aber einen anderen Uebelstand. Er hatte in seiner Wohnung eine Schule der Beredsamkeit eröffnet und war auf das Honorar der Schüler angewiesen. Die jungen Leute aber hatten die Gepflogenheit, die Lehrer zu betrügen, indem sie vor Beendigung der Vorlesungen davongingen und einen anderen Lehrer aufsuchten, bei dem sie das gleiche Spiel wiederholten.

Da begab es sich, daß in Mailand ein Lehrer der Beredsamkeit für die dortige öffentliche Schule gesucht wurde. Die städtische Behörde hatte sich an Symmachus gewandt, der damals in Rom Stadtpräfekt war (382—384), und ihn aufgefordert, eine dazu geeignete Persönlichkeit namhaft zu machen. Mit ihm war Augustinus durch seine manichäischen Freunde bekannt geworden. Symmachus beschied ihn zu sich und gab ihm auf, eine Probered zu halten. Von der Leistung befriedigt, sandte er ihn in einem Wagen der kaiserlichen Posten nach Mailand, die Stelle anzutreten.

An diesem Zusammentreffen ist vieles merkwürdig. Nicht, daß die Anfrage an Symmachus kam, denn dieser war nicht nur ein angesehener Staatsmann, sondern zugleich einer der gefeiertsten Redner der Zeit. Auch daß die Wahl auf Augustinus fiel, wird man bei der zweifellosen Begabung des letzteren nicht überraschend finden. Eher schon, daß Symmachus mit den Manichäern in Verbindung stand, und vor allem, daß die Anfrage von Mailand kam, wo damals Ambrosius durch seine weitgreifende Wirksamkeit den Glanz der kaiserlichen Krone verdunkelte und durch die Macht seiner Rede, wie durch seine ganze karaktervolle Persönlichkeit auf alle, die in seine Sphäre eintraten, eine unwiderstehliche Anziehungskraft äußerte; und nicht minder, daß Symmachus, sein Rivale, der Gefährte seiner Jugend und jetzt sein Widerpart, den jungen Afrikaner dorthin schicken mußte, damit er dort unter Mithilfe des großen Bischofs seine Geisteskämpfe beendige, um dann als Kirchenlehrer ebenbürtig neben Ambrosius zu treten. In dem allen wird man in der That eine wunderbare geschichtliche Fügung erblicken müssen.

In einer kritischen Periode hatte Augustinus die ewige Stadt betreten und war er nun nach Mailand gekommen. Der welthistorische Kampf zwischen der hinsterbenden heidnischen und der aufstrebenden christlichen Kultur war in eine letzte Phase eingetreten. Unter Valen-

Abb. 11 · Valentinian I

tinian I. (364—375), dem zweiten Nachfolger Kaiser Julians, herrschte Friede zwischen den beiden großen Lagern. Er war ein tüchtiger Soldat, strenge bis zur Grausamkeit, aber, soweit er mit eigenen

Augen sehen konnte, nicht ungerecht; rauh, aber zugleich ein Freund von Wissenschaft und Bildung. Seinem Sohne Gratian hatte er den Dichter Ausonius zum Erzieher gegeben. Die Abwehr der dem Reiche von den Germanen drohende Gefahr nahm seine ganze Kraft in Anspruch; großenteils hielt er sich in Gallien auf. Im religiösen Bereiche war sein Bestreben, sowohl den Anhängern der alten Religion, als den Christen, und hier den Katholiken wie den verschiedenen Sekten, ohne sich im einzelnen einzumischen, innerhalb gewisser gesetzlicher Schranken gleiche Freiheit zuteil werden zu lassen. Nach seinem Tode folgten ihm in der abendländischen Reichshälfte seine beiden Söhne, Gratian und Valentinian II., jener der Sohn seiner verstoßenen ersten Gemahlin Severa Marina, dieser, ein fünfjähriger Knabe, der Sohn seiner zweiten Gemahlin Justina. Dem ersten sollte Britannien, Gallien und Spanien, dem zweiten Italien, Illyrien und Afrika unterstehen, Gratian aber eine gewisse Suprematie über das Ganze zukommen. Im Osten des Reichs regierte Kaiser Valens, des Valentinian jüngerer Bruder, den dieser gleich bei seiner Erhebung zum Mitregenten ernannt hatte. Gratian war gebildet, von reinen Sitten, dem Christentum und der katholischen Religion aufrichtig ergeben. Man erzählt, daß er sich weigerte, die Würde eines Pontifex Maximus anzunehmen, welche altem Herkommen gemäß Abgesandte des Senats ihm übertragen wollten. Sicher ist, daß er entschlossen war, die Verbindung endgültig zu lösen, welche noch immer zwischen dem römischen Staatswesen und dem heidnischen Polytheismus fortbestanden hatte. Ein Gesetz vom Jahre 382 hob die Privilegien der Priester und der Vestalinnen auf, strich ihren Gehalt aus der Staatskasse und erklärte die Tempelgüter als Staatseigentum. Zugleich befahl er, die Statue der Viktoria aus dem Saale zu entfernen, in welchem der römische Senat sich zu versammeln pflegte. Es war ein Werk griechischer Kunst, welches die Römer den Tarentinern abgenommen hatten und Augustus nach der Schlacht von Aktium in der Curia aufgestellt hatte. Vor diesem Bilde schwuren die Senatoren dem Kaiser Treue, hier pflegte jedes Mitglied ein Körnchen Weihrauch zu verbrennen, ehe es sich auf seinen Sitz begab. Schon einmal war die Statue auf Befehl des Kaisers Konstantius entfernt worden. Julian hatte sie wieder an ihre Stelle gesetzt und Valentinian sie dort belassen. Auch manche von den christlichen Senatoren scheinen keinen Anstoß daran genommen und in der Viktoria nur ein Symbol der Macht und Größe Roms gesehen zu haben.

Man beschloß, eine Deputation an Gratian zu schicken, der sich augenblicklich in Mailand aufhielt, um ihn zur Zurücknahme des Befehls zu bewegen, welcher mehr als das weit einschneidendere Gesetz die Gemüter aufregte. Zum Sprecher der Deputation wurde Symmachus erwählt, das Haupt der heidnischen Partei, ein zäher Anhänger des Alten, Träger eines vornehmen Namens und wegen seines Reichtums, seiner Bildung und Rednergabe, wie auch wegen seines Karakters in allgemeinem Ansehen stehend. Aber der Kaiser, welchen Papst Damasus von dem Zwecke ihres Kommens unterrichtet hatte, weigerte sich, die Deputation zu empfangen; sie mußte unverrichteter Sache wieder abreisen. Man wird nicht fehlgehen, wenn man Gratians Haltung auf den Einfluß seines Ratgebers Ambrosius zurückführt.

Ambrosius, der Abkömmling der Aurelier, einer der ersten römischen Familien, welcher auch Symmachus angehörte, war im Jahre 372 als Präfekt nach Mailand gekommen, hochgeschätzt wegen seiner Beredtsamkeit, seiner Rechtskenntnis und Uneigennützigkeit. Im Jahre 374 starb der dem Arianismus zuneigende Bischof Auxentius. In der stürmischen Versammlung, in welcher sein Nachfolger gewählt werden sollte, war Ambrosius anwesend, um in seiner Eigenschaft als oberster Beamter für Friede und Ordnung einzutreten. Da plötzlich, wie von einer inneren Eingebung ergriffen, erhoben die Versammelten ihre Stimmen zu dem einmütigen Rufe, Ambrosius solle Bischof sein. Vergeblich wandte er alle möglichen Mittel an, die Wahl von sich abzulenken; er war.

wenn auch überzeugter Christ, noch nicht einmal getauft. Sein Weigern half ihm nichts. Nun waltete er bereits acht Jahre lang des neuen Amtes, als Vater der Armen, als unermüdlicher Lehrer, als eifriger Verfechter des kirchlichen Glaubens und der kirchlichen Rechte, von den einen enthusiastisch verehrt, von den anderen gefürchtet oder auch gehaßt. Man begreift, wie bei dem unaufhaltsamen Verfall des Reichs unter dem Andrängen der Barbaren, der Auflösung der bisherigen staatlichen Organisationen und der tiefen moralischen Verderbnis, von der die alte Gesellschaft ergriffen war, Männer dieses Schlages die Weltstellung der mittelalterlichen Kirche vorbereiten und begründen halfen.

Furchtbare Ereignisse hatten sich vor kurzem in der östlichen Reichshälfte abgespielt. Die von den Alanen und Hunnen bedrängten Gothen hatten vom Kaiser Valens verlangt, daß er ihnen den Uebergang über die Donau gestatten und innerhalb der Grenzen des Reichs Wohnsitze anweisen möge. Den Kaiser, der ganz im Gegensatze zu seinem Bruder Valentinian in den religiösen Streitigkeiten Partei ergriffen hatte und ein eifriger Arianer war, lockte die Aussicht, durch die dem Christentum in der Form des Arianismus zugeführten Gothen die Partei des letzteren zu verstärken. Er erteilte die Erlaubnis, allerdings unter der Bedingung, daß die Barbaren die Waffen ablegten. Aber die Bestechlichkeit der kaiserlichen Beamten machte diesen Vorbehalt wirkungslos. Bewaffnet, mit Weibern und Kindern und in viel größerer Anzahl, als vorgesehen war, setzten sie in kaiserlichen Schiffen über den Strom. Die getroffenen Maßregeln, sie unterzubringen, erwiesen sich als unzureichend, Treulosigkeit und gewissenlose Habgier der kaiserlichen Beamten kamen hinzu, und so wurden aus den Hilfesuchenden über Nacht furchtbare Feinde, denen man in unbegreiflicher Verblendung die Thore des Reichs geöffnet hatte. Im Jahre 377 schlugen die Gothen ein ihnen entgegengeworfenes römisches Heer, durchbrachen die Balkanpässe und ergossen sich verheerend über Thrakien bis ans Meer. Nun wandte sich Valens um Hülfe

Abb. 12 · Das sogenannte Elfenbein des Symmachus
(Kensingtonmuseum in London)

an Gratian, dieser brach auch im Frühjahr 378 mit einem Heer nach Pannonien auf, wurde aber unterwegs durch einen Aufstand der Alamanen aufgehalten. Es gelang ihm, denselben eine vernichtende Niederlage beizubringen, in Eilmärschen drang der von seinen Soldaten ver=

Abb. 13 · Kaiser Valens

götterte jugendliche Sieger nach dem östlichen Kriegsschauplatze vor, aber ehe er dort eintraf, war das Aergste schon geschehen. Vor Adrianopel war es am 9. August 378 zu einer entscheidenden Schlacht gekommen, in der nach langem Kampfe die Gothen Sieger geblieben waren. Valens, durch einen Pfeilschuß verwundet, war von den Seinen in einer Hütte untergebracht worden, die Gothen aber hatten Feuer an dieselbe gelegt, sodaß er hilflos verbrannte. Nicht einmal seine Asche wurde gefunden. Thrakien und Makedonien waren in der Hand der Feinde, die Straße nach Konstantinopel lag offen, plündernde Horden zogen bis vor die Thore der Hauptstadt.

Gratian, der durch den Unglückstag von Adrianopel Kaiser des gesamten Reiches geworden war, sah wohl ein, daß die ihm damit zugefallene Aufgabe über seine Kräfte ging. Um im Osten wieder geordnete Zustände herbeizuführen, die widerspenstigen Barbaren über die Grenzen des Reichs zu treiben, die gutwilligen seiner Organisation einzugliedern, bedurfte es einer planmäßigen, energischen und konsequenten Thätigkeit, die nur auszuüben vermochte, wer dauernd an Ort und Stelle anwesend sein konnte. Gratian aber war im Westen ganz ebenso notwendig, wo die unruhigen Grenznachbarn eine stete Gefahr bildeten und zu=

dem auf die Legionen und ihre Führer kein völliger Verlaß war. So bedurfte er eines Mitregenten und seine Wahl, die nicht glücklicher hätte sein können, fiel auf Theodosius, den Sohn eines gleichnamigen Generals, welcher seinem Vater Valentinian die wichtigsten Dienste geleistet hatte, am Anfange seiner eigenen Regierung aber einer niederträchtigen Intrigue zum Opfer gefallen war. Seitdem hatte der Sohn in völliger Zurückgezogenheit auf seinen Gütern in Spanien gelebt. Nur zögernd folgte er jetzt dem an ihn ergangenen Rufe. Im Januar 379 wurde Theodosius zu Sirmium als Imperator und Mitaugustus proklamiert. Gratian wandte sich nach Italien. Während der nächsten Jahre residierte er vornehmlich in Mailand, wo er mit Ambrosius in immer engere persönliche Verbindung trat. Bevor er den Orient verließ, hatte er die Maßregeln außer Kraft gesetzt, welche von Valens zu Ungunsten der Katholiken erlassen worden waren.

Rasch genug mußte der wohlmeinende Monarch erfahren, auf wie schwankendem Grunde sein eigener Thron errichtet war. Eine Militärrevolution rief ihn im Sommer 383 über die Alpen. Die britischen Truppen hatten einen angesehenen Offizier, Maximus, von Geburt ein Spanier wie Theodosius, zum Kaiser ausgerufen. Ganz Gallien bis zur Seine war demselben ohne Kampf zugefallen. Gratian eilte herbei, aber die ganze Armee ließ ihn im Stiche. Zur Flucht ge=

Abb. 14 · Kaiser Gratian

nötigt, starb er durch Verrat und Meuchelmord am 25. August in Lyon, erst vierundzwanzig Jahre alt. Theodosius war im Osten festgehalten, er konnte fürs erste weder daran denken, den Erschlagenen zu rächen, noch sich des dreizehnjährigen Valentinian II. anzunehmen, für den seine

Mutter Justina die Regierung führte. Was aber sollte aus diesem werden, wenn Maximus, die rasch gewonnenen Erfolge ausnützend, in Italien erschien? In dieser Not richtete die Kaiserin ihre Augen auf Ambrosius. Es war freilich ein kühnes Unterfangen, seine Vermittelung anzurufen, denn ihr Hof in Sirmium war bis dahin ein Herd des Arianismus gewesen. Aber der kluge Anschlag gelang. Ambrosius war großherzig genug, sich allein durch die schlimme Lage des kaiserlichen Knaben bestimmen zu lassen. Auf Justinas Bitte, die nach Mailand geeilt war, begab er sich nach Trier, wo Maximus Hof hielt, um für Valentinian die Herrschaft über Italien, Illyrien und Afrika zu retten. Mit wahrhaft staatsmännischem Geschick führte er seine Aufgabe durch. Absichtlich zog er die Verhandlungen monatelang hin, während deren Justina auf seinen Rat die Alpenpässe sperren ließ. Maximus war in seinem Siegeszuge aufgehalten, und im Jahre 384 kam ein Abkommen zustande, in welchem Theodosius und Justina sich dazu bequemten, den Usurpator einstweilen als Kaiser in der gallischen Präfektur anzuerkennen, während dieser seine weitergehenden Absichten aufgeben sollte.

Der Tod Kaiser Gratians hatte bei der heidnischen Senatorenpartei in Rom neue Hoffnungen erweckt. Abermals erschien Symmachus mit einer Deputation in Mailand, um von Valentinian II. die Zurückführung der Statue der Viktoria zu erlangen. Glücklicher als im vorangegangenen Jahre konnte er ihm in feierlicher Versammlung seine noch erhaltene Denkschrift vortragen. Der Eindruck, den er damit auf die Mitglieder des Hofes machte, war unverkennbar. Gegen alle Erwartung aber widerstand Valentinian und erklärte, daß er nicht gewillt sei, die von seinem Bruder getroffene Anordnung wieder aufzuheben. Nun erschien auch Ambrosius auf dem Plane. Er erließ zunächst einen energischen Protest gegen das Verlangen des Senats und verfaßte sodann, nachdem er von der Abhandlung des Symmachus genaue Kenntnis erhalten hatte, eine ausführliche Gegenschrift. In Einzelheiten kann hier nicht eingegangen werden. Faßt man die Form der beiden Schriftstücke allein ins Auge, so mag man vielleicht geneigt sein, Symmachus die Palme zu erteilen, eine völlige Verkennung der Sachlage aber wäre es, in dem letzteren einen Verfechter der Religionsfreiheit erblicken zu wollen. Was ihm am Herzen liegt, das ist die Verbindung der staatlichen Institutionen mit dem alten Kultus, wie sie in den ruhmreichen Zeiten der römischen Geschichte bestand. Ambrosius dagegen fordert um des Gewissens willen, daß christlichen Senatoren nicht zugemutet werden dürfe, einer heidnischen Kulthandlung beizuwohnen. Der letzte Kampf, den das römische Heidentum um seine staatliche Anerkennung führte, hat in der litterarischen Fehde der beiden hervorragenden Männer ein bleibendes Denkmal erhalten.

Daß Augustinus von den Dingen, die sich in seiner nächsten Umgebung abspielten, nichts gehört haben sollte, ist nicht anzunehmen. Aber er erwähnt ihrer nicht. Im Lager des Symmachus, dem er die Berufung nach Mailand verdankte, kann er seiner ganzen Sinnesweise nach nicht gestanden haben. Was bedeutete ihm, dem nach Erkenntnis der Wahrheit Strebenden, eine offizielle Staatsreligion? Im Lager des Ambrosius stand er noch nicht, und so mag er dem Streite um den Altar der Viktoria damals nur ein geringes Interesse entgegengebracht haben. Aber auch von den großen Weltbegebenheiten, die in den Briefen des Ambrosius einen tief empfundenen Nachhall finden, schweigen die Konfessionen völlig. Hatten sie doch keinen Zusammenhang mit dem, wovon dort allein die Rede ist, von den weiten Irrwegen des Gottsuchenden und den verborgenen Führungen, die ihn endlich ans Ziel gelangen ließen. Auch an die Kämpfe, welche der große Mailänder Bischof demnächst um die Erhaltung der von den Arianern in Anspruch genommenen Kirchen zu führen hatte, erinnert nur eine gelegentliche Anspielung.

In persönliche Beziehungen zu Ambrosius scheint er dagegen schon bald nach seiner Ankunft getreten zu sein, und der eigentümlichen Gewalt, die von

ihm ausging, konnte auch er sich nicht entziehen. „Ich begann ihn zu lieben", berichtet er, „nicht als einen Lehrer der Wahrheit, denn an der Kirche verzweifelte ich ganz und gar, sondern weil er mir gütig gesinnt war. Eifrig besuchte ich seine Predigten, nicht freilich in der richtigen Gesinnung und Absicht, sondern um ihn auf seine Rednergabe zu prüfen und mich zu vergewissern, ob dieselbe ihrem Ruhme gleich käme oder aber,
verloren die Aussprüche des Alten Testaments durch die Erklärung, welche Ambrosius ihnen gab, das Anstößige, das er darin gefunden hatte, und der Spott der Gegner machte keinen Eindruck mehr auf ihn. Wenn es dort hieß: ‚Gott schuf den Menschen nach seinem Ebenbilde', so wußte er jetzt, daß damit nicht verlangt wird, Gott in menschenähnlicher Gestalt zu denken.

Ein Wichtiges war damit erreicht:

Abb. 15 · Antiker Säulengang in Mailand

sei es voller, sei es minder reich dahin ströme, als der ihr vorangehende Ruf besagte. Voller Aufmerksamkeit hing ich an den Worten seiner Rede, für den Inhalt war ich teilnahmlos, ja voller Geringschätzung. Sein angenehmer Vortrag ergötzte mich".

Allmählich aber konnte er sich doch auch dem Gewichte des Vorgetragenen nicht entschlagen. Das wenigstens mußte er zugeben, daß die von ihm verachtete kirchliche Lehre sich verteidigen lasse und sie den Angriffen der Manichäer gegenüber nicht wehrlos sei. Insbesondere
die katholische Lehre konnte wahr sein. Aber war sie es wirklich? War also die Lehre der Manichäer falsch? Auch das eine, was ihm davon noch immer des Festhaltens wert erschienen war? Ja, wenn er sich zu dem Gedanken eines Geistigen hätte erheben können, aber die am Körperlichen haftenden Vorstellungen zogen ihn immer wieder in den Dualismus herab, verführten immer wieder dazu, dem göttlichen Lichtreiche eine finstere, böse Materie entgegenzustellen. Aber das Zutrauen, das er zu den sonstigen Lehrmeinungen seiner früheren Freunde

gehegt hatte, war endgültig erschüttert, seit er in den Schriften der griechischen Philosophen weit bessere Aufschlüsse über die Natur gefunden hatte. Einstweilen jedoch trug die Belehrung, die er bei Ambrosius fand, nur dazu bei, ihn in immer tiefere Zweifel zu verstricken. Ein Mitglied der Sekte freilich konnte er nicht länger bleiben, die Zweifel trieben ihn aus derselben hinaus. Er verließ daher die Manichäer, aber auch jenen skeptischen Philosophen, die da ausdrücklich lehrten, daß man an allem zweifeln müsse, wollte er die Heilung seiner kranken Seele nicht anvertrauen, ‚weil ihnen der heilsame Name Christi fehlte'. So beschloß er, als Katechumene in der Kirche seiner Eltern zu bleiben, bis die Richtung, die er einzuschlagen habe, in voller Klarheit vor ihm läge.

Gerne hätte er Ambrosius sein Inneres aufgedeckt und die Zweifel vorgetragen, die ihn bewegten. Die Wohnung des Bischofs war zu jeder Tageszeit für jedermann geöffnet. Unangemeldet konnte man bei ihm eintreten und sein Anliegen vorbringen. Ging nun Augustinus zu ihm hin, so fand er ihn in der Regel von so vielen Rat= und Hilfesuchenden umlagert, daß zu eingehender Erörterung schwieriger Fragen keine Möglichkeit war und er sich damit begnügen mußte, einige wenige Worte mit ihm zu wechseln. Traf er ihn aber einmal ausnahmsweise allein, dann war der fromme Mann so tief in das Studium und die Betrachtung der heiligen Schriften versenkt, daß er ihn nicht stören mochte, sondern schweigend und unbemerkt wieder von dannen ging.

In solcher Gemütsverfassung fand ihn Monika, welche die Sehnsucht nach dem Sohne den Gefahren der weiten Reise hatte Trotz bieten lassen. Als sie vernahm, daß Augustinus endlich die Manichäer verlassen habe, brach sie nicht, als erführe sie etwas Unerwartetes, in lauten Jubel aus, sondern äußerte nur die feste Zuversicht, daß sie den Sohn vor ihrem Tode als rechtgläubigen Christen sehen werde. Auch sie wurde mit Ambrosius bekannt, der ihren christlichen Wandel und ihre frommen Werke sah und Augustinus, wenn er seiner ansichtig wurde, beglückwünschte, eine solche Mutter zu besitzen. Er wußte nicht, fügt dieser in seiner Erzählung hinzu, was für einen Sohn sie an mir hatte, der ich an allem zweifelte und vermeinte, daß der Weg des Lebens nirgendwo zu finden sei. Wenn Augustinus späterhin Ambrosius seinen geistlichen Vater nennt und in ihm das vornehmste Werkzeug erblickt, dessen Gott sich bediente, um den Zweifelnden und Irrenden zu sich zu führen, so scheint es doch zu einem näheren persönlichen Verhältnisse zwischen den beiden Männern nicht gekommen zu sein.

Abb. 16 · Ambrosius
Terrakottarelief in San Ambrogio in Mailand

Richtet man in dem Geistesgange Augustins das Augenmerk lediglich auf die intellektuelle Seite, auf seine Stellung zu den großen theoretischen Fragen, so lassen sich verschiedene Stufen oder Momente unterscheiden und auch Einflüsse angeben, denen er dabei unterlag. Wie derselbe aber in seinem wirklichen Verlaufe keine geradlinig fortschreitende Bewegung darstellt, so kann erst recht bei der Nacherzählung von einer genauen Innehaltung der Zeitfolge nicht die Rede sein. Daran hindert schon der enge Zusammenhang, in welchem für ihn die verschiedenen Probleme standen. Die Frage nach dem Ursprunge des Bösen hing zusammen mit der Frage, wie wir Gott denken müssen, diese mit der allgemeineren Frage nach der Natur des

Wissens überhaupt, und von der Entscheidung dieser letzteren hing es dann wieder ab, welcher Raum etwa dem religiösen Glauben und der Autorität der Kirche beizumessen sei. Daß es einen Gott oder ein Göttliches gebe und die menschlichen Dinge göttlicher Leitung unterworfen seien, diese Ueberzeugung hatte ihn nie verlassen. Weiter aber führte ihn alsdann die Erwägung, daß man Gott denken müsse als absolut vollkommen und darum unveränderlich. Denn von hier aus widerlegt sich der manichäische Dualismus. Wenn derselbe von einem Kampfe zwischen dem guten und dem bösen Prinzip redet, von einer Losreißung und Gefangennahme göttlicher Elemente, so widerspricht dies alles der göttlichen Unverletzlichkeit. Aber nun stellte er sich Gott vor als die die ganze Welt durchdringende und grenzlos überragende Naturkraft, die alles in sich befaßt, selbst aber von keinem anderen eingeschlossen wird, eine Vorstellungsweise, die an den Pantheismus der stoischen Schule erinnert. Wenn aber alles aus Gott und durch Gott ist, aus dem Guten und Vollkommenen aber nur Gutes hervorgehen kann, so kann es ja gar nichts Böses geben, oder vielmehr, so ist die grundlose Furcht vor dem Bösen, die unser Herz zermartert, das einzige Böse. Oder sollte man den Ursprung des Uebels darin suchen, daß die reine und restlose Durchführung seiner schöpferischen Absichten an dem Widerstand einer von ihm unabhängigen bösen Materie scheiterte? Das würde der göttlichen Allmacht widersprechen, wäre also wiederum unvereinbar mit der göttlichen Vollkommenheit.

Eine entscheidende Wendung brachte ihm das Studium philosophischer Schriften aus der Schule der Neuplatoniker. Er selbst nennt sie platonische, wie er auch anderwärts Plotin, den Begründer jener Schule, als den hervorragendsten unter Platos Schülern feiert. Genaueres gibt er darüber nicht an und hat sich bisher nicht mit Sicherheit ausmachen lassen. Gerade hier stellt sich die Eigenart der Konfessionen hindernd in den Weg. So hoch Augustinus jene Schriften schätzt, so sehr liegt es ihm am Herzen, ihre Minderwertigkeit gegenüber der vollen christlichen Wahrheit hervortreten zu lassen; und so bestimmt er den Punkt hervorhebt, welcher die antike Spekulation auch in ihren höchsten Erzeugnissen von der Lehre des Evangeliums trennt, so rückt er anderseits die erstere auch wieder, wie es vor ihm und nach ihm vielfach geschehen ist, näher an die christliche Lehre heran, als wir heute für zulässig halten. So fehlt seinem Bericht der urkundliche Karakter, der uns auf die Spur führen könnte; er ist vielmehr eine Vergleichung gewisser neuplatonischer Gedanken mit dem Prolog des Johannesevangeliums. Das aber steht fest, daß er jenem Studium ein doppeltes verdankte: einen gereinigten Gottesbegriff und die Anerkennung einer von der Sinneswahrnehmung unterschiedenen höheren, geistigen Erkenntnisweise. Indem jene Schriften ihn lehrten, ‚die unkörperliche Wahrheit zu suchen‘, führten sie ihn durch die sichtbare Welt hin zu ihrem unsichtbaren, raumlosen, unveränderlichen Schöpfer.

Die so gewonnene Erkenntnis aber warf ihr Licht auch auf die Frage nach dem Ursprunge des Uebels und des Bösen. Wie Gott selbst, so kann auch das von Gott geschaffene nur gut sein, aber es ist dabei verschieden der Art und dem Grade nach. Das Böse ist nichts für sich bestehendes. Das moralische Uebel, die Ungerechtigkeit, ist nichts anderes als der verkehrte Wille des Geschöpfes, der sich von Gott ab und zum niedrigen hinwendet.

Und noch eine andere Einsicht war ihm inzwischen aufgegangen, vor welcher die Regungen des Zweifels zurücktraten. Als er die Manichäer verließ, schreckte er doch vor der gläubigen Annahme der christlichen Wahrheit zurück. Nur im Besitze eines völlig zweifellosen Wissens glaubte er Beruhigung finden zu können. Aber wie weit reicht dieses Wissen? Ist es nicht Thatsache, daß wir uns im Leben zahllos oft von Vorstellungen leiten lassen, die wir nicht eigenem Wissen verdanken? Auf die Autorität der Eltern und Lehrer und vieler anderer Menschen hin nehmen wir gläubig an, was wir nicht selbst erfahren haben und nicht erfahren konnten, weil wir bei dem wirklichen Verlaufe der Begebenheiten nicht zugegen waren. Warum sollte es bezüglich der Heilswahrheiten anders sein? Weil die Vernunft des Menschen allein hier nicht ausreicht, darum belehrt uns die heilige Schrift, in welcher die göttliche Offenbarung niedergelegt ist. Dazu hatte er den Glauben an Christus, den Mittelpunkt der neutestamentlichen Offenbarung von seiner Kindheit an festgehalten, wenn derselbe auch zeitweise durch die seltsamen Meinungen der Manichäer getrübt wurde. Seitdem durch die Predigt des Ambrosius seine Bedenken durch die Glaubwürdigkeit der heiligen Bücher beseitigt waren, zweifelte er nicht mehr an der wirklichen menschlichen Persönlichkeit des Erlösers, aber das ganze Geheimnis der Menschwerdung war ihm noch nicht aufgegangen, und darum ‚umfaßte er noch nicht den Mittler zwischen Gott und den Menschen'.

Aber das war weit mehr als nur eine Lücke in seinem Verständnis, die durch ein tieferes Studium hätte ausgefüllt werden können. Denn zuletzt handelte es sich für ihn gar nicht um die bloße Lösung theoretischer Fragen. Die Wahrheit, nach der er so emsig suchte, so leidenschaftlich verlangte, sie sollte ihm zugleich Unterpfand des Glücks sein und dauernde Befriedigung des Herzens. Womit er sich abmühte seit den Tagen seiner Jugend, das war nicht etwa nur ein Problem des Verstandes, sondern ganz ebenso oder noch weit mehr ein Problem des Willens und der That. Das Ziel der Erkenntnis, dem er zustrebte, erschien ihm von Anfang an zugleich als die Norm, nach der er sein Leben zu gestalten habe. Und je höher sein Erkenntnisideal war: die absolute Wahrheit in fleckenloser Klarheit erfaßt, desto ungenügender erschien ihm alles, was das Leben an Gütern zu bieten hatte, desto notwendiger der Verzicht auf alles, wozu die erdwärts gekehrte Leidenschaft ihn hinzog. Hier lag der tiefste Grund der Seelenkämpfe, welche die Konfessionen in unnachahmlicher Weise schildern.

„Ich mühte mich ab, durchlief immer wieder die gleichen Gedankengänge und wunderte mich selbst am meisten, wie lange es schon her war, seit ich zuerst, in meinem neunzehnten Lebensjahre, von Eifer für die Weisheit entbrannt war und mir vorgenommen hatte, sobald ich sie gefunden, alle eitlen Begierden, leeren Hoffnungen und trügerischen Thorheiten aufzugeben. Nun stand ich in meinem dreißigsten und steckte noch immer in dem gleichen Schlamme, begierig nach den flüchtigen und zerstreuenden Gütern des Augenblicks und zu mir sprechend: morgen werde ich es finden, deutlich wird es sich kundgeben, und ich werde es festhalten. Ein Faustus wird kommen und alles erklären! Oder habt ihr recht, Akademiker, und läßt sich nichts derart Gewisses ausfindig machen, daß wir darnach unser Leben ordnen können? Nein, nein, es gilt, nur immer eifriger darnach zu suchen und nicht zu verzweifeln. Schon ist nicht mehr ungereimt, was mir in den Büchern der Kirche so vorgekommen war; es kann anders und in schicklichem Sinne verstanden werden. So will ich denn den Fuß fest dahin setzen, wohin ich von meinen Eltern gestellt wurde, bis ich die klare und deutliche Wahrheit finde. Aber wo soll ich suchen und wann? Es fehlt die Zeit, mit Ambrosius zu verkehren; es fehlt die Zeit, zu lesen. Woher auch die Bücher nehmen? Wo und wann sie kaufen? Von wem sie entleihen? Ich will die Zeit dafür bestimmen, die Stunden um meines Seelenheiles willen einteilen! Eine große Hoffnung ist mir aufgegangen: der katholische Glaube lehrt nicht, was ich vermeinte und grundlos zum Vorwurf machte. Für Frevel erklären es seine Lehrer, Gott in die Gestalt eines menschlichen Körpers eingeschlossen zu denken, warum zögere ich also, anzuklopfen, damit auch das weitere mir eröffnet werde? Aber an den Vormittagsstunden nehmen mich die Schüler in Anspruch. Was thue ich in den andern? Warum betreibe ich nicht eben dies? Aber wann werde ich die älteren Freunde aufsuchen, deren Gunst ich nötig habe? Wann die Waren zubereiten, welche die Schüler abkaufen sollen? Wann mich erholen, indem ich mich der Sorgen entschlage, die den Geist in Spannung halten?

„Weg mit dem allem. Ich will diese leeren Nichtigkeiten aufgeben und mich einzig der Erforschung der Wahrheit zuwenden. Elend ist dies Leben und ungewiß der Tod. Wenn er mich plötzlich überfällt, wie werde ich dann von hier scheiden, und wo soll ich alsdann noch lernen, was ich hier vernachlässigt habe? Oder werde ich nicht gar die Strafe meiner Nachlässigkeit zu erleiden haben? Wie, wenn der Tod mit der Empfindung auch jegliche Sorge abschnitte und beendigte? Dann wäre er ja erstrebenswert! Aber ferne sei, daß es sich so verhielte! Hier ist kein Raum für verschiedene Meinungen. Was als die tiefste Grundlage des christlichen Glaubens auf dem ganzen Erdkreise verbreitet ist, kann nicht eitel sein. Niemals hätte Gott so Großes und so Herrliches für uns vollbracht, wenn mit dem Leben des Leibes auch das der Seele zu Ende wäre. Was also zaudere ich, die Hoffnung der Welt fahren zu lassen, um ganz und allein Gott und das selige Leben zu suchen? Aber gemach! Auch die Dinge dieser Welt ergötzen, und ihre Süßigkeit ist nicht gering. Nicht leichthin muß man die Verbindung mit ihnen abschneiden, denn nachträglich wieder umkehren, wäre schimpflich. Es würde nicht schwer sein, eine Ehrenstelle zu erlangen. An Gönnern fehlt es mir ja nicht. Warum sollte mir nicht ein Statthalterposten übertragen werden? Dann könnte ich ein Weib heimführen mit einigem Vermögen, damit der Aufwand mir nicht lästig fiele, und ich wäre vollkommen befriedigt. Viele große und durchaus nachahmungswürdige Männer haben sich in der Ehe der Erforschung der Weisheit gewidmet. — Während ich so zu mir sprach, und diese Stimmungen umschlugen wie der Wind, und mein Herz hierhin und dorthin stießen, verging die Zeit, und verschob ich es von einem Tage zum anderen, mich zu dem Herrn zu bekehren."

Ein tiefes Mißbehagen erfüllte ihn und kam gelegentlich zu lebhaftem Ausdrucke. „Ich verlangte nach Ehre", so schildert er seinen Zustand, „nach Reichtum, nach einer Gattin, und du lachtest mein. In meinen Begierden litt ich bittere Pein, du aber warst mir um so gnädiger, je weniger du mich Genuß an dem empfinden ließest, was du nicht selbst warst. . . . Wie elend war ich, und wie ließest du mich meines Elends inne werden damals, an jenem Tage, da ich eine Lobrede auf

Abb. 17 · Kathedra des h. Ambrosius in San Ambrogio in Mailand
(wahrscheinlich spätere Nachbildung)

den Kaiser vorbereitete. Lügen sollte ich vortragen und dadurch dem Lügenden die Gunst derer zuwenden, die recht wohl darum wußten. Keuchend unter der Last der Sorgen, das Herz im Fieber vergiftender Gedanken glühend, sah ich in einer Straße von Mailand einen armen Bettler, der vermutlich seinen Hunger gestillt hatte und nun scherzte und guter Dinge war. Da seufzte ich auf und besprach mit den Freunden, die mich begleiteten, die vielen Schmerzen unserer thörichten Bestrebungen. Denn mit allen den Anstrengungen, mit denen ich mich damals abplagte, da ich unter den Stacheln der Begierden die Last meines Elends trug und sie im Tragen nur immer schwerer machte, wollte ich ja einzig zu sorgenloser Freude gelangen. Darin war mir nun jener Bettler zuvor= gekommen, während ich vielleicht niemals dazu gelangen sollte. Denn was jener mit den wenigen zusammengebettelten Pfennigen erreicht hatte, die Freude zeit= lichen Glücks, darnach trachtete ich auf solchen Umwegen, darum machte ich alle die mühevollen Umschweife."

Zwei Freunde waren es besonders, mit denen er in täglichem, vertrautem Umgange lebte und die seine Sorgen teilten, Alypius und Nebridius. Den ersten, der der Sohn angesehener Eltern war, hatte Augustin vor Jahren in der gemeinsamen Vaterstadt Thagaste und dann in Karthago als Schüler unter= richtet. Durch eine von beißendem Spotte erfüllte Polemik gegen die leidenschaft= lichen Freunde der öffentlichen Spiele, die er einst ohne besondere Beziehung in seine Vorlesungen eingeflochten hatte, war Alypius, welcher dazu gehörte, ge= heilt worden. Das hierdurch inniger gestaltete Verhältnis zwischen beiden aber hatte dazu geführt, daß Alypius sich gleich= falls den Manichäern anschloß. Schon vor Augustinus hatte er Karthago ver= lassen, um sich in Rom dem Studium des Rechts und der richterlichen Thätigkeit zu widmen. Als sich beide Freunde dort wieder trafen, war der jüngere bereits zu angesehenen Stellungen gelangt, in denen er seine Uneigennützigkeit und Karakterstärke an den Tag gelegt hatte. Um sich nicht wieder von Augustin trennen zu müssen, war er diesem nach Mailand gefolgt, wo er die Verwertung seiner Rechtskenntnis fortsetzen konnte, die übrigens mehr den Wünschen seiner Eltern als seinen eigenen entsprach. Nebridius war der Sohn eines reichen Gutsbesitzers aus der Umgegend von Karthago. Er hatte sein väterliches Erbe, Heimat und Familie verlassen und war nach Mailand gekommen, um sich vereint mit Augustin voll glühenden Eifers der Wissenschaft und der Er= forschung der Wahrheit hinzugeben, ‚von gleicher Sehnsucht erfüllt, von den gleichen Schwankungen umhergetrieben, voll Eifer nach dem seligen Leben suchend, an den schwierigsten Fragen seinen eindringenden Scharfsinn erprobend'. Drei Hungernde waren es, nach dem Ausdrucke Augustins, die sich gegenseitig ihre Not klagten.

Eine Zeit lang glaubte er durch Ver= änderung seiner äußeren Lebensgestaltung Abhilfe schaffen zu können. Das Projekt einer Verheiratung nahm festere Gestalt an. Alypius war dagegen; die ungestörte Hingabe an die Erforschung der Wahrheit schien ihm damit unvereinbar, aber die Zähigkeit, mit welcher der Freund, zu dem er aufzublicken gewohnt war, an demselben festhielt, machte auch ihn wankend. Monika dagegen förderte das= selbe aufs eifrigste. Sie hoffte, daß ihr Sohn nach seiner Vermählung, vermutlich mit einer eifrigen Christin, leichter dazu kommen werde, sich taufen zu lassen. Die Ausführung mußte wegen der Jugend der Auserkorenen noch auf zwei Jahre hinausgeschoben werden, doch schien es angemessen, ein Hindernis schon jetzt zu beseitigen, das im Wege stand. Seit den ersten Jahren seines Aufenthaltes in Karthago lebte er mit einem Weibe zusammen. Sie war nicht seine recht= mäßige Gattin, aber er hielt ihr die Treue und hatte von ihr einen Sohn, Adeodatus. Ueber ihre Persönlichkeit ist nichts bekannt, auch nicht ihr Name. Wahrscheinlich war sie von niederem Stande und geringer Bildung, so daß sie den Bedürfnissen seines Geistes und Herzens nicht genügen konnte. Aber schon die lange Gewöhnung hatte das Band fest geschlungen und die Trennung wurde ihm schmerzlich. Jetzt kehrte die Afrikanerin in die Heimat zurück, nachdem sie gelobt hatte, ‚niemals mehr von einem Manne wissen zu wollen'. „Ich Unseliger aber", fügt Augustinus in tiefer Zerknirschung bei, „folgte dem Beispiele des Weibes nicht; ich mochte den Aufschub nicht er= tragen, durch welchen ich die Verlobte erst nach zwei Jahren heimführen sollte, und so nahm ich eine andere zu mir, ohne sie zum Weibe zu nehmen."

Dagegen gelang es ihm in Mailand, sich einer anderen Fessel zu entledigen, die ihm ebenfalls von Karthago her an=

haftete. Wohl infolge seiner Verbindung mit den Manichäern war er damals auf die Astrologie verfallen. Nicht nur glaubte er an die Weisheit der Sterndeuter, deren es damals zahlreiche und keineswegs nur in den unteren Ständen gab, sondern er studierte auch ihre Schriften und befaßte sich selbst damit, aus der Konjunktur der Gestirne die Geschicke der Menschen zu berechnen. Schon in Karthago hatte der Prokonsul Vindizianus, der dem talentvollen Jünglinge sein Interesse zuwandte, und an welchem dieser voller Verehrung hing, den Versuch gemacht, ihn von solch thörichtem Treiben abzubringen. Aber seine Mahnungen fruchteten damals nichts. Augustin fesselte der Reiz der geheimnisvollen Wissenschaft, deren ernsthafte Bedeutung ihm durch einzelne überraschende Beispiele gelungener Divination verbürgt schien, im Hintergrunde aber stand dabei der Wunsch, die Verantwortlichkeit für die eigenen Handlungen zu beseitigen und dieselbe auf die verborgene Macht der Gestirne zurückzuführen. Die Erfahrungen des Lebens, die gewonnene Reife des Urteils, dann aber insbesondere der geeinigte und befestigte Glaube an eine weise und gerechte Weltregierung hatten ihn jetzt dazu gebracht, die Nichtigkeit der vermeintlichen Wissenschaft zu erkennen. Schon immer hatte sein Freund Nebridius geltend zu machen gesucht, eine wie große Rolle im Menschenleben der Zufall, das heißt das Zusammentreffen unvorhergesehener Umstände, spiele, und wie es nicht wundernehmen könne, wenn unter den vielen Vorhersagungen, welche die Sterndeuter ohne sichere Anhaltspunkte machten, auch einmal die eine oder andere durch die Thatsachen bestätigt würde. Den Ausschlag gab die Unterredung mit einem gewissen Firminus, der als ein schon halb Zweifelnder zu Augustinus kam, aber trotzdem von diesem erfahren wollte, was von der Konstellation zu halten sei, unter welcher er geboren war. In der Erörterung des Einzelfalles kam bei Augustinus die Ueberzeugung von der grundlosen Thorheit der Astrologie zum Durchbruch.

In den Kreis der Freunde war seit kurzem Romanianus eingetreten, Augustins großmütiger Gönner aus Thagaste, der in Verfolgung eines Rechtsstreits nach Mailand an das kaiserliche Hoflager gekommen war. Man erörterte damals

Abb. 18 · Ambrosius altes Mosaikbild in San Ambrogio in Mailand

den Gedanken, daß sich die sämtlichen unter Aufgabe des eigenen Hauswesens zu einem gemeinsamen Leben unter wechselnden Vorstehern zusammenschließen sollten. Man glaubte darin ein Mittel zu finden, um, allen lästigen Sorgen und

Beschwerden des Tages entzogen, in freier Muße sich geistiger Thätigkeit widmen zu können. Romanianus betrieb den Plan voll Eifer und war bereit, einen großen Teil der Unterhaltungskosten zu übernehmen, die Ausführung aber scheiterte an der Frage, was mit den Frauen der verheirateten Freunde geschehen solle.

Augustins auf- und abwogende Gedanken und Empfindungen scheinen um jene Zeit auf ihrem Tiefpunkte angelangt zu sein. In einem Gespräche mit den beiden vertrauten Freunden ist er geneigt, dem griechischen Philosophen Epikur vor allen anderen die Palme zu reichen, der die Lust als das höchste Gut des Menschen bezeichnet hatte. Was ihn davon zurückhielt, ist allein die Furcht vor dem Tode und der Gedanke an ein jenseitiges Leben. Das letztere mit Epikur zu leugnen, dazu sah er sich nicht imstande. Aber die Frage schien ihm damals der Erwägung wert: wenn uns unsterbliches Leben beschieden wäre und den ununterbrochenen physischen Genuß keine Furcht des Verlustes störte, — wäre damit nicht volle Glückseligkeit gegeben?

Daß er aus solcher Stimmung befreit und sein Geist wieder höheren Idealen zugekehrt wurde, haben wir ohne Zweifel auf das früher erwähnte Studium der platonischen Schriften zurückzuführen, zugleich mit den neuen Einsichten, die er aus ihnen gewann. Mehr aber nicht; die feste Willensrichtung vermochten sie ihm nicht zu geben. Immer wieder versichert Augustin, daß sie ihn mehr zu ‚stolzer Thorheit' als zu ‚liebender Demut' angeregt und nicht vermocht hätten, ihn den Weg und den Mittler, Christus, erkennen zu lassen. Längst aber ausgesöhnt mit der Sprache der Bibel, griff er nun zu den Briefen des Apostels Paulus. Und hier fand er, was den Platonikern fehlte. „Was ich wahres dort gelesen hatte, fand ich hier wieder, eingeschärft durch deine Gnade, damit, wer sieht, sich nicht rühme, gleich als hätte er nicht empfangen, empfangen nicht nur das, was er sieht, sondern auch, daß er sieht. Denn was hat er, das er nicht empfangen hat? Und nicht nur, daß er ermahnt wird, dich, der du stets derselbe bist, zu sehen, sondern auch, daß er geheilt wird, um dich festzuhalten. Und wer nicht von weitem sehen kann, der gehe dennoch den Weg, damit er hin gelange und sehe und festhalte. Denn wenn auch jemand nach dem inneren Menschen Gefallen hat am Gesetze Gottes, was wird er beginnen mit dem anderen Gesetze in seinen Gliedern, das dem Gesetze seines Geistes widerstreitet? . . . Was wird der Elende beginnen? Wer wird ihn befreien von diesem Leibe des Todes, wenn nicht die Gnade durch Christum unsern Herrn, den du von Ewigkeit gezeugt und geschaffen hast im Anfange deiner Wege, an dem der Fürst dieser Welt nichts Todeswürdiges fand, aber er tötete ihn und der Schuldschein ward ausgelöscht, der gegen uns Zeugnis gab? Davon haben jene Schriften nichts . . . nichts steht auf jenen Blättern von den Thränen des Bekenntnisses, von dem Opfer eines betrübten Geistes, eines bekümmerten und gedemütigten Herzens. . . . Niemand hört dort die Stimme des Rufenden: kommt zu mir, die ihr Mühsal leidet. Sie verschmähen es, von ihm zu lernen, der da sanftmütig und demütig von Herzen ist. Denn du hast dies vor den Weisen und Verständigen verborgen und es den Kleinen offenbart. Und ein anderes ist es, von waldiger Bergeshöhe die Heimat des Friedens zu erblicken, aber die Straße dorthin nicht zu finden und sich wegelos abzumühen . . . und ein anderes, den sicheren Weg dorthin einzuhalten, den die Fürsorge des himmlischen Königs gebahnt hat."

Was er hier in gehäuften Bildern und in enger Anlehnung an die biblische Ausdrucksweise andeutet, spricht er anderwärts in klaren Worten aus. Nicht der Zweifel an der Wahrheit der christlichen Lehre, sondern die Anforderungen, die sich daraus an die Gestaltung seines Lebens ergaben, hielten ihn ab, sich rückhaltlos zur christlichen Religion zu bekennen. In dem von der Kirche verkündeten Christentum die absolute Wahrheit erfassen, das bedeutete für seine stürmische Seele, sich voll und ganz und unter Aufgabe aller anderen, niederen und irdischen Interessen in den Dienst dieser Wahrheit stellen. Wollte er das? Vermochte er es?

In Mailand stand neben Ambrosius dessen Freund und geistlicher Berater Simplizianus in hohem Ansehen, derselbe, den Ambrosius vor seinem Ende als seinen Nachfolger vorschlug mit den Worten: er ist zwar ein Greis, aber er ist gut. Diesen, der damals schon in höheren Jahren war, suchte Augustinus auf, um ihm seine Bedrängnisse mitzuteilen. Vielleicht wußte er ihm einen Rat zu geben, der seinem Seelenzustande angemessen war.

Als Simplizianus von den platonischen Schriften erfuhr, welche Augustinus gelesen hatte und die von einem gewissen Marius Viktorinus in die lateinische Sprache übersetzt worden waren, erzählte er, was er von diesem wußte. Er war ein berühmter Grammatiker und Rhetor, dem man sogar in Rom ein Standbild auf dem Forum errichtet hatte, und der dort zu den vornehmsten Stützen der heidnischen Partei gehörte, bis er sich in hohem Alter zum Christentum bekehrte und unter dem Jubel des versammelten Volks öffentlich sein Glaubensbekenntnis ablegte. Auf Augustinus machte die Erzählung einen tiefen Eindruck. Auch das berührte ihn, daß, als Kaiser Julian durch ein Gesetz den Christen die Ausübung jeder höheren Lehrthätigkeit untersagte, Viktorinus lieber die Schule verließ, als den Glauben, zu dem er sich in seinem Alter bekannt hatte. Aber noch hielt ihn die Welt mit ihren Umarmungen fest. Er selbst vergleicht seinen damaligen Zustand mit dem eines Schlaftrunkenen. Wohl hörte er das Wort des Herrn: Stehe auf vom Schlafe, erhebe dich von den Toten, und Christus wird dich erleuchten. Er aber antwortete nur immer: gleich, gleich, und laß mich noch ein wenig. Aber das ,gleich, gleich' fand kein Ende, und das ,laß mich noch ein wenig' zog sich immer wieder in die Länge. Es bedurfte stärkerer Einwirkungen, um ihn loszureißen.

Sie kamen ihm aus dem Oriente, aber auf weiten Umwegen und durch vielfache Vermittlung. Ein afrikanischer Landsmann Pontitianus, der ein Amt am kaiserlichen Hofe begleitete, besuchte die Mailänder Freunde. Ein zufälliger Anlaß brachte ihn, der ein frommer und aufrichtiger Christ war, darauf, von dem ägyptischen Einsiedler Antonius zu erzählen, von dem weder Augustin noch die andern bisher gehört hatten. Ihr Interesse wuchs, als Pontitianus berichtete, was er selbst erlebt hatte. Da er mit dem kaiserlichen Hoflager in Trier war, erging er sich einst mit drei Gefährten in den Gärten vor der Stadt. Zwei darunter, die einen andern Weg eingeschlagen hatten, stießen auf die Hütte eines Einsiedlers und fanden in ihr ein Buch, das die Lebensbeschreibung des Antonius enthielt. Aller Wahrscheinlichkeit nach war es die von Athanasius verfaßte, welche Evandrius von Antiochien ins Lateinische übertragen hatte und durch welche seit einigen Jahren auch im Abendlande eine lebhafte Begeisterung für das asketische Leben der ägyptischen Mönche erweckt worden war. Jene Männer nun, beide römische Beamte, wurden von der Lektüre derart ergriffen, daß sie sofort den Entschluß faßten und zur Ausführung brachten, alles zu verlassen, um Gott allein anzuhangen.

Die Erzählung Pontitians sollte bei Augustin die entscheidende Krisis herbeiführen. Er war aufs tiefste erschüttert. Als der Erzähler sich entfernt hatte, rief er Alypius einige Worte zu und stürmte hinaus in den Garten. Der Freund folgte ihm. In einiger Entfernung vom Hause setzte er sich nieder und überdachte sein bisheriges Leben. Alle seine Zweifel und seine Hoffnungen, die Lockungen der Welt und die hohen geistigen Ideale, die immer aufs neue gefaßten, nie zur Ausführung gelangten Vorsätze, das alles durchwogte sein Herz und ließ ihn in innerem Kampfe erbeben. Endlich stand er auf, trennte sich von dem Freunde, der ihn schweigend in ängstlicher Spannung beobachtet hatte, begab sich in einen andern Teil des Gartens und warf sich dort unter einen Feigenbaum nieder. Der Sturm löste sich in einem Strome von Thränen. Klagend rief er aus: wie lange noch? wie lange? morgen und wieder morgen? warum nicht jetzt, warum nicht in dieser Stunde das Ende meiner Schmach? Da hörte er von einem benachbarten Hause die Stimme eines Kindes, welches singend mehrfach die Worte wiederholte: nimm und lies! nimm und lies! Er überlegte,

Frhr. v. Hertling, Augustin 3

ob er diese Worte schon in einem der üblichen Kinderspiele vernommen habe, konnte sich aber nicht entsinnen, und so erschienen sie ihm als eine von Gott gesandte Aufforderung, in dem nächsten Buche die Stelle zu lesen, die ihm zuerst unter die Augen kommen würde. Er sprang auf und begab sich zu dem Platze, wo Alypius saß und er die Briefe des h. Paulus zurückgelassen hatte. Eilig öffnete er das Buch und las die Worte des Römerbriefs: ‚nicht in Schmausereien und Trinkgelagen, nicht in Schlafkammern und Unzucht, sondern ziehet den Herrn Jesum Christum an und pfleget der Sinnlichkeit nicht zur Erweckung der Lüste'. Weiter las er nicht, es bedurfte nicht mehr. Denn sofort mit den letzten Worten war sein Herz wie mit einem Lichte der Zuversicht erfüllt worden, vor welcher jede Finsternis des Zweifels floh. Auch sein Entschluß war nun jetzt gefaßt, allem zu entsagen, was ihn bisher an die Welt gefesselt hatte, um sich völlig dem Dienste Gottes und seiner Kirche zu weihen. Er teilte Alypius mit, was ihm begegnet war, und dieser, gewöhnt, dem Freunde in allem zu folgen, war auch diesmal dazu bereit. Dann setzte er Monika in Kenntnis. Sie brach in Jubel aus. Weit über alles Hoffen hatten ihre nimmer müden Gebete und ihre Thränen Erhörung gefunden.

Wie Augustin selbst, so erblickt die Kirche in seiner Bekehrung einen übernatürlichen Vorgang, ein Eingreifen der göttlichen Gnade. Darüber läßt sich der Natur der Sache nach mit den Mitteln der Wissenschaft nichts ausmachen. Wohl aber ergibt sich mit voller Deutlichkeit, daß es sich für ihn nicht um eine Entwicklung handelte, wie sie etwa Kant durchmachte, als er, von der Wolff'schen Schule herkommend, durch verschiedene Stadien hindurch endlich in reifen Jahren auf den Standpunkt seines philosophischen Kritizismus gelangte. Für Augustin handelte es sich um weit mehr als nur um die Lösung einer philosophischen Frage, wie tiefgreifend und folgenschwer dieselbe auch sein mochte. Alle Triebfedern seines Herzens, alle Regungen seines Gemüts waren daran beteiligt. Es handelte sich um sein Leben, sein Glück, sein ganzes Ich, um einen völligen Bruch mit der Vergangenheit und eine radikale Neugestaltung. Was er jetzt erfahren hatte, nannten später die deutschen Mystiker die ‚Abkehr' und führten sie auf ‚einen verborgenen lichtreichen Zug von Gott' zurück. Der bisher unruhig hin und her schwankende Wille hatte nun endgültig seine Richtung auf das Ueberirdische genommen.

Augustins Bekehrung fällt in den Spätsommer 386. In drei Wochen sollten die Ferien der Weinlese beginnen, und so sehr er sich danach sehnte, die ihm längst lästig gewordene Lehrthätigkeit abzuschütteln, beschloß er doch, um unnützes Aufsehen zu vermeiden, die kurze Zeit bis dahin auszuharren. Mehr als

Abb. 19 · Benozzo Gozzoli
Augustinus in den Briefen des Apostels Paulus lesend

Tadel und Widerspruch scheute er ungebetenes Lob. Infolge von Ueberanstrengung war seine Brust angegriffen, das laute Sprechen strengte ihn an. Damit konnte er füglich die Niederlegung seiner Stelle begründen, zumal es in der That längere Zeit bedurfte, bis das Uebel völlig gehoben war. Als der ins Auge gefaßte Termin herangekommen war, verließ er Mailand und zog sich nach Cassiziakum, dem Landgute seines Freundes Verekundus, zurück.

Die Zeit der Vorbereitung · Augustins Philosophie

Als Ambrosius durch den Zuruf des christlichen Volkes auf den Mailänder Bischofsstuhl erhoben wurde, war er schon vorher, wenn auch noch nicht getauft, so doch in seinem Bekenntnis und in seinem Leben ein Christ gewesen. Das neue Amt brachte einen bestimmten Umkreis von Pflichten mit sich, zu denen als eine der mächtigsten die Belehrung der Gläubigen gehörte und die Verteidigung der Kirchenlehre gegen die Mißdeutungen und Angriffe der Häretiker. Wollte er derselben nachkommen, so bedurfte es vor allem eines eingehenden und fortgesetzten Studiums nicht nur der heiligen Schrift, sondern auch dessen, was man schon damals die katholische Theologie nennen konnte, die von den Vätern begonnene Auslegung der heiligen Urkunden. Für Augustinus lag zunächst alles ganz anders. Der Ausgangspunkt für die vor ihm liegende neue Lebensgestaltung war die innere Umwandlung, die er erfahren hatte. Den bisher ausgeübten Beruf hatte er aufgegeben, einen neuen, seiner veränderten Sinnesweise entsprechenden, besaß er einstweilen nicht. Die Frage war, was er beginnen und womit er seinen reichen und rastlos strebenden Geist beschäftigen solle.

Fürs erste mag ihm nach den durchlebten Kämpfen und Aufregungen Ruhe und innere Sammlung Bedürfnis gewesen sein. Sodann aber war ohne Zweifel der Empfang der Taufe das Ziel, welches er sich sogleich bei seiner Bekehrung gesetzt hatte. Es war die Regel und entsprach altem Brauche, daß die Taufe an Erwachsene in der österlichen Zeit, zumeist am Tage vor dem Osterfeste, erteilt wurde. Die nähere Vorbereitung darauf pflegte in den unmittelbar vorangehenden Wochen und Monaten, in der Fastenzeit, vorgenommen zu werden. Bis dahin mußte noch etwa ein halbes Jahr vergehen, und man wird ohne weiteres annehmen können, daß er diese Zeit für eine entferntere Vorbereitung bestimmte und bestrebt war, sich tiefer und gründlicher mit dem Inhalte des christlichen Glaubens bekannt zu machen. Mit der christlichen Litteratur, abgesehen von den Büchern des Neuen Testaments, scheint er sich bis dahin nicht befaßt zu haben. Um so mehr verdankte er der Predigt des Ambrosius. An diesen wandte er sich auch jetzt. Nach Ablauf der Ferien schrieb er an ihn, setzte ihn von seinen früheren Irrungen und von seinem nunmehrigen Entschlusse in Kenntnis und erfragte seinen Rat. Ambrosius empfahl ihm das Studium des Jesaias; wie Augustin vermutete, weil bei diesem alttestamentlichen Propheten die Vorausverkündigung der Erlösung besonders deutlich hervortritt. Aber da Augustin, wie er erzählt, die ersten Kapitel nicht verstand, verschob er die Lektüre auf eine spätere Zeit, wenn er erst mit dem Sprachgebrauch der Bibel besser bekannt sein würde. Dagegen las er mit großer geistiger Erhebung die Psalmen und zürnte noch nachträglich den Manichäern, daß sie der Menschheit einen solchen Schatz vorenthielten. Wie es scheint, hatte ihn Verekundus mit der Verwaltung des Landguts während der Dauer seines Aufenthaltes betraut, und so berichtet Augustinus von allerlei darauf bezüglichen Geschäften, welche ab und zu seine Zeit in Anspruch nahmen. Am besten unterrichtet aber sind wir über eine andere Seite seiner damaligen Thätigkeit.

3*

Er war nicht allein in Cassiziakum. Bei ihm weilte seine Mutter Monika, sein Sohn Adeodatus, der treue Freund Alypius, dann sein Bruder Navigius und zwei Vettern Rustikus und Lastidianus. Ob die drei letzteren schon in Mailand seine Hausgenossen waren, wissen wir nicht. Dazu kamen zwei Jünglinge, Trygetius und Lizinius, der Sohn des öfter genannten Romanianus, deren Erziehung ihm anvertraut war. Mit ihnen las er Vergil, die seit Jahrhunderten feststehende Form des Unterrichts beibehaltend, außerdem veranstaltete er mit ihnen und der übrigen Gesellschaft Gespräche über philosophische Fragen. Seit den Zeiten des Sokrates galt der Dialog als die vorzüglichste Form philosophischer Unterweisung. Auch die platonischen Schriften geben sich als Gespräche, welche entweder in ähnlicher Gestalt wirklich stattgefunden hatten oder sehr wohl so hätten stattfinden können. Cicero hatte versucht, das Beispiel nachzuahmen, das gleiche that jetzt Augustin. Er verfuhr dabei so, daß er entweder den Verlauf des Gesprächs nachträglich aus dem Gedächtnisse niederschrieb oder aber für sofortige Aufzeichnung durch einen Stenographen Sorge trug. Aller Wahrscheinlichkeit nach dachte er von Anfang an an die Veröffentlichung. So entstanden die drei Bücher gegen die Akademiker, der Dialog vom glückseligen Leben und der Dialog über die Ordnung im Universum. Zu ihnen kamen noch die ‚Selbstgespräche', philosophische Betrachtungen, die er in schlaflosen Nächten anstellte und am Morgen aufzeichnete.

Soll hier gleich ein Wort über Augustinus als Schriftsteller gesagt werden, so darf man ihn freilich nicht an dem Maßstab eines einseitigen Klassizismus messen. Seine Prosa trägt den Stempel der Zeit. Früher sprach man wohl von einem afrikanischen Latein. Genauere Vergleichung hat gezeigt, daß der bombastische und zugleich gezierte Stil der Afrikaner nichts anderes ist, als die lateinische Nachahmung des sogenannten Asianismus, des von den Sophisten aufgebrachten griechischen Manierismus. Zwischen Valerius Maximus und Plinius einerseits und den Afrikanern Florus, Apulejus, Tertullian anderseits besteht nur ein gradueller, kein grundsätzlicher Unterschied. Augustinus wollte später den manierierten Schwulst der sophistischen Prosa von der

Abb. 20 · Augustinus und Monika, Relief in Sta. Maria dels Popolo in Rom, 14. Jahrhundert

spezifisch christlichen Beredsamkeit ausgeschlossen wissen, ihre zierlichen Klangfiguren aber hat er bis ans Ende beibehalten, und karakteristisch sind für ihn vor allem die gehäuften Wortspiele, oft treffend, ja selbst packend, öfter noch vielleicht für unsern Geschmack ermüdend und fast niemals in einer andern Sprache annähernd wiederzugeben. Bei alledem ist er auch als Stilist kompetentem Urteile zufolge ‚die gewaltige, Vergangenheit und Nachwelt überragende Persönlichkeit'. Und noch ein anderes darf nicht übersehen werden. ‚In dem fremdartigen Latein', sagt ein feiner Kenner des Altertums, ‚mischen sich die welken Blüten einer hinsterbenden Litteratur mit den kräftigen Trieben einer in der Entstehung begriffenen Sprache.' Von der hinreißenden Wirkung vieler Partien in den Konfessionen ist schon die Rede gewesen. Der Karakter der Lehrschriften ist ein anderer, aber auch hier hat man oft genug Gelegenheit, mit der Fülle und Klarheit der Gedanken die Kunst der Darstellung zu bewundern. Augustinus ist Meister darin, eine Frage zu erschöpfen, ihr sozusagen von allen Seiten beizukommen, die abstrakteste durch sprechende Bilder zu erläutern, die entlegenste der Erfahrung des Lesers anzunähern. Eine Eigentümlichkeit, von welcher die in Cassiziakum verfaßten Schriften bereits Spuren zeigen, die aber in den späteren in weit stärkerem Maße hervortritt, ist die Aneignung biblischer Ausdrücke und Wendungen. Was das besagen will, ergibt sich aus Augustins eigenen Klagen über die im Umlauf befindlichen lateinischen Uebersetzungen, deren Verstöße gegen den Genius der Sprache er trotzdem nicht beseitigen will, weil sie den Gläubigen durch lange Gewohnheit geläufig waren.

Von den litterarischen Arbeiten der ersten Zeit sagen die Konfessionen, daß sie zwar schon dem Herrn hätten dienen wollen, aber doch noch einigermaßen den Stolz der Schule atmeten. In der That sind sie, wie dem Inhalte, so auch der Färbung nach, von denen der späteren Periode verschieden, indessen hat man keinen Grund, sich darüber zu wundern. Weder mit dem größeren Kreise noch mit den beiden jugendlichen Schülern konnte und mochte er breit und ausführlich von dem reden, was sein Herz am meisten erfüllte, von seinem Verhältnisse zu Gott und seinen Schmerzen über das vorige Leben. Spezifisch theologische Fragen lagen ihm einstweilen noch ferne, um so näher lag ihm gerade jetzt die Philosophie. Diese versprach, ihm ‚die Erkenntnis des verborgenen wahren Gottes deutlicher zu vermitteln, wenn auch nur in flüchtigen Einblicken und wie durch glänzende Wolken hindurch.' Waren auch die zur Erörterung gebrachten Gegenstände solche, mit denen längst vor dem Eintritt des Christentums in die Welt die Philosophen sich beschäftigt hatten, konnte er sich auch seinem ganzen Bildungsgange nach bei ihrer Erörterung nur der von jenen entlehnten Ausdrucksweise bedienen, ja schloß er sich sogar in der Anlage der für die Veröffentlichung bestimmten Gespräche und in Einzelzügen enge an Cicero an, so hatten doch jene Gegenstände für ihn keineswegs nur ein historisches Interesse. Ob der Mensch zur sicheren Erkenntnis der Wahrheit gelangen könne, wohin sein Ziel und seine Glückseligkeit zu setzen sei, woher das Uebel, — das eben waren ja die Fragen, an denen sein Verstand sich viele Jahre abgemüht hatte. Der Willensentschluß, sich der Autorität der Kirche zu unterwerfen, hatte seinen Drang nach Erkenntnis und Wissen nicht abgestumpft. Er spricht es als seinen Grundsatz aus, sich nicht von dem durch Christus gelegten Grunde zu entfernen, aber er erklärt es zugleich als ein Bedürfnis seines Geistes, das im Glauben Erfaßte nach Möglichkeit zu begreifen. Gerade an diesem Punkte, was das Verhältnis von Glauben und Wissen betrifft, hat Augustinus sofort klar und bestimmt Stellung genommen. Wenn er daneben in jenen frühen Schriften gelegentlich in Ausdrücken von der Philosophie redet, welche dieselbe als der christlichen Religion nahezu gleichwertig oder als ihre Stelle einnehmend erscheinen lassen, wenn er den Bruch mit dem früheren Leben als ein Einlaufen in den Hafen der Philosophie bezeichnet, so ist darauf kein sonderliches Gewicht zu legen. Jener Bruch war thatsächlich vorhanden, und nicht erst in den Konfessionen hat er denselben auf das übernatürliche Eingreifen der göttlichen Gnade zurückgeführt. Aber darum hatte das geistige Milieu, dem er früher angehörte, nicht sofort alle Macht über ihn verloren. Wo er als Lehrer sprach oder in schriftstellerischer Absicht die Feder ansetzte, da mußte sich ihm ganz von selbst der Ton und die Form des Ausdrucks einstellen, welche der Beschäftigung mit den Alten entstammten. Im philosophischen Dialog konnte er zur Zeit nur reden, wie Cicero geredet haben würde oder auch wirklich geredet hatte. Um so bedeutungsvoller aber sind eben darum die auch in jenen frühesten Schriften nicht fehlenden Anklänge christlicher Frömmigkeit, die vereinzelten Zitate aus dem Alten und dem Neuen Testament, die ausdrückliche Hervorhebung der Erlösung durch Christus.

Augustinus hat späterhin an ihnen, außer dem zuvor Bemerkten, die Ueberschätzung der heidnischen Philosophie getadelt und einzelne Aufstellungen rektifiziert. Auch abgesehen hiervon würde man nicht behaupten können, daß er in der Philosophie, wie in seinen übrigen Ansichten, keine weitere Entwickelung durchgemacht habe. Er selbst ist der erste, eine solche anzuerkennen. Trotzdem ist hier die geeignete Stelle, um im Zusammenhange von seiner Philosophie zu reden. Denn das Entscheidende ist das späterhin ausdrücklich von ihm Ausgesprochene, daß er sich mit wissenschaftlichen und philosophischen Fragen nur noch insoweit beschäftige, als dies zur Belehrung der Gläubigen erforderlich sei. Sein spekulatives Interesse war nicht erloschen, aber er bethätigte dasselbe nur mehr im Zusammenhange mit Fragen der christlichen Theologie. Eine Rückwirkung auf die hierbei zur Verwertung gelangenden Begriffe und Grundanschauungen war dabei unvermeidlich, aber nach Ursprung und wesentlichem Inhalte blieben sie doch die gleichen, die er schon damals besaß, als er die genannten Schriften, und kurz darnach in Mailand und Rom die beiden Abhandlungen über die Unsterblichkeit und über die Quantität der Seele schrieb und sich mit dem abwesenden Freunde Nebridius brieflich über philosophische Fragen unterhielt.

Die christliche Philosophie ist ja überhaupt nicht ein solches ursprüngliches und selbständiges Gebilde, wie es die griechische war. Sie konnte es gar nicht sein, weil sie eben innerhalb der an griechischer Philosophie herangebildeten antiken Welt entstand. Sie entstand aus dem Bedürfnisse, den vollen Inhalt der Offenbarung, den man den Schriften und der Predigt der Apostel verdankte, in lehrhafter Absicht oder im Kampfe gegen Heiden und Häretiker allseitig zu entwickeln. Dazu mußte man sich eben jener Begriffe und Grundanschauungen bedienen, welche die griechische Philosophie herausgearbeitet und sprachlich festgelegt hatte. Man mußte es, weil man nur so hoffen konnte, von den Gebildeten verstanden zu werden, und man durfte es, weil diese Philosophie der christlichen Lehre ja keineswegs als ein völlig Fremdes und Unvergleichbares gegenüberstand, sondern durch eine unleugbare innere Verwandtschaft mit dieser verbunden war. Clemens von Alexandrien hatte den Satz ausgesprochen, wie das alttestamentliche Gesetz die Juden, so habe die Philosophie die Griechen auf Christus vorbereiten sollen. Und schon vorher hatte Justinus Martyr gelehrt, den Menschen sei die Gottesidee angeboren, deshalb sei sie den Christen mit den Heiden gemein; darum sei, wer vernunftgemäß lebe, ein Christ auch außerhalb des Christentums, und darum könnten, umgekehrt, die Christen alles, was von anderer Seite Richtiges gesagt worden, als ihr Eigentum in Anspruch nehmen. Ja, man glaubte wohl, eine noch engere Verwandtschaft annehmen zu müssen und meinte, die in der griechischen Philosophie enthaltenen Wahrheitselemente seien der alttestamentlichen Offenbarung entnommen, Plato habe aus Moses geschöpft.

Auf die Fragen aber, mit denen die Früheren sich befaßt hatten, gab jetzt das Christentum weit bestimmtere und vollständigere Lösungen, als sie je einem der griechischen Weisen aufgegangen waren. Die größten unter ihnen waren über ein unsicheres Schwanken zwischen

Gottesglaube und Naturvergötterung nicht hinausgekommen, hatten den Polytheismus nicht völlig zu überwinden vermocht. Das Christentum dagegen verkündigte von Anfang an einen überweltlichen, allvollkommenen, persönlichen, geistigen Gott, und führte die Welt auf einen Akt seiner schöpferischen Allmacht zurück. Jeder Dualismus war damit überwunden; es gibt keine ewige Materie, aus welcher Gott die Welt gebildet hätte, und die von ihm geschaffene ist ganz und gar getragen von seinem schöpferischen Willen. Auch die antike Spekulation hatte nach einem Zwecke des Menschen gefragt und nach den Motiven, durch welche er sein Leben zu bestimmen habe. Sie erging sich in Lobpreisungen der Tugend und riet, die äußeren Güter geringzuschätzen; sie sprach von einer Ordnung des Universums, welcher auch der Mensch sich nicht entziehen könne und der er daher gut thue, sich freiwillig zu unterwerfen. Aber der volle Gedanke der Pflicht war ihr nicht aufgegangen. Mit begeisterter Zuversicht hatten einzelne ihrer erleuchtetsten Vertreter ausgesprochen, daß der Tod des Leibes kein Tod der Seele sei, das Christentum aber verkündete, daß die eigentliche Bestimmung des Menschen im Jenseits liege, daß das irdische Leben der Weg sei, dieses Ziel zu erreichen, und daß die Norm der Lebensgestaltung in dem für alle gültigen göttlichen Gebote zu finden sei.

Damit war die Aufgabe der Philosophie selbst eine andere geworden. Sie hatte nicht erst nach der Auflösung der Probleme zu suchen; diese war ja gegeben. Wohl aber konnte und sollte sie die gegebene formulieren, verdeutlichen, und ihrem vollen Inhalte nach entwickeln helfen. Bediente man sich zu diesem Zwecke der Begriffe und Ausdrucksformen, welche die griechische Spekulation ausgebildet hatte, so konnte es nicht ausbleiben, daß auch diese einen bestimmteren Sinn, eine veränderte Färbung annahmen. Noch mehr freilich mußte dies der Fall sein, wo man sie anwandte, um die alle Vernunft übersteigenden Geheimnisse der Trinität und der Menschwerdung dem Verständnisse näher zu bringen.

Die Quellen, aus denen Augustin seine philosophische Bildung geschöpft hatte, sind zum Teil schon in dem vorigen Abschnitte zur Erwähnung gelangt. Er war darin völliger Autodidakt. In dem Unterrichtswesen der damaligen römischen Welt nahm die Philosophie keine Stelle mehr ein. Das früher erwähnte Edikt des Kaisers Antoninus Pius gibt über die Zahl der Philosophen keine Bestimmung, ihrer Seltenheit wegen; und wie zum Spotte wird hinzugefügt, sollten sie wegen des Honorars Schwierigkeiten machen, so werde ja dadurch nur offenbar, daß sie nicht wirklich Philosophen seien. Und Augustinus bestätigt, daß es zu seiner Zeit höchstens Leute gegeben habe, die den Philosophenmantel trugen, aber keine, die sich ernstlich mit Philosophie befaßten. Von den Alten aber war es Cicero, dessen Hortensius den neunzehnjährigen Jüngling für die Philosophie entflammt hatte. Cicero war kein tiefer Denker, nicht einmal ein immer zuverlässiger Berichterstatter. Aber die Aufgabe, welche er sich gesteckt hatte, seine Landsleute mit griechischer Spekulation bekannt zu machen, haben seine Schriften jahrhundertelang erfüllt. Ihnen verdankt Augustinus zum größten Teile, was er davon weiß. Von den platonischen Dialogen ist es allein der von Cicero ins Lateinische übersetzte Timäus, den er gelesen zu haben scheint. Aristoteles ist ihm zeitlebens fremd geblieben, seitdem er in frühen Jahren ohne Genuß oder Förderung die kleine Schrift über die Kategorien gelesen hatte. Sehr vertraut war er dagegen mit den philosophischen Schriften seines Landsmannes Apulejus. Cicero war Eklektiker, das heißt, er hatte sich keiner bestimmten Schule angeschlossen, sondern sich von den verschiedenen dasjenige angeeignet, was ihm am glaubwürdigsten schien oder aus irgend einem Grunde am meisten zusagte. Der gleichen Richtung gehörte auch Apulejus von Madaura an, aber in etwas veränderter Weise, wie es die Zeit mit sich brachte, in der er lebte. Sein Eklektizismus ist religiös gefärbt, und dem entspricht es, wenn er dem religiösesten unter den alten Philosophen, Plato, den stärksten Ein=

fluß auf seine Gedanken verstattete. Er gehört zu denen, welche das letzte große Erzeugnis der griechischen Spekulation, den Neuplatonismus, vorbereiteten.

Welchen Einfluß auf Augustins Geistesgang neuplatonische Schriften ausgeübt haben, hat er selbst in den Konfessionen bekundet und ist früher berichtet worden. Der gesteigerte Spiritualismus, den er hier vorfand, half ihm seine an der sinnfälligen Körperwelt haftende Denkweise überwinden. Schon Plato hatte gelehrt, daß diese Körperwelt, so aufdringlich sie unseren Sinnen entgegentritt, doch nur eine Welt des haltlosen Scheines sei. Das wahrhaft Seiende, das eigentlich Wirkliche, ist die Welt der Ideen. Das einzelne Ding entsteht, verändert sich, ist beweglich und mangelhaft und geht nach kurzer Frist zu Grunde; bleibend ist allein die ewige Idee, das Urbild, nach welchem die einzelnen Dinge geformt wurden. Nur das Bleibende aber ist das wahrhaft Seiende, und nur das Ewige und Unvergängliche kann Gegenstand eines wirklichen Wissens sein. Darum gilt das Interesse des Philosophen nicht dieser vor den Sinnen ausgebreiteten vergänglichen Körperwelt, sondern der Welt der Ideen, in welche das von allen Sinnesvorstellungen losgelöste Denken des Verstandes eindringt. In dieser höheren, der intelligibelen Welt, und in ihr allein bewegen sich die Neuplatoniker. Mit einer ganz eigenartigen abstrakten Phantastik wissen sie dieselbe auszubauen. Aus einem obersten, ganz und gar transscendenten Prinzip, welches noch erhabener ist als Denken und Sein und daher mit keinem Begriff bezeichnet und mit keinem Namen benannt werden kann, ging — so lehrten sie — durch eine Art geistiger Ausstrahlung ein erster Verstand hervor, der, weil er die Urgedanken oder Ideen in sich befaßt, eben jene intelligibele Welt ist. Durch eine gleiche Ausstrahlung aber ging aus ihm die Seele hervor, die zusammenfassende Einheit alles Lebendigen. Mit ihr ist das Lichtreich des wirklich Seienden abgeschlossen, jenseits desselben, wo das Licht in die Finsternis umschlägt, liegt die Welt des Scheins, der Materie, des Bösen. Plotinus war der erste, der dieses Emanationssystem ausgebildet hatte, an ihn schloß sich Porphyrius an, der heftige Gegner des Christentums, an diesen Jamblichus. Mit Jamblichus beginnt eine zweite Periode in der Geschichte des Neuplatonismus. Mit seiner Hilfe soll dem hinsterbenden Polytheismus neues Leben eingepflanzt, soll orientalischer Aberglaube philosophisch gedeutet werden. Neuplatonische Philosophen waren die Freunde und Ratgeber des Kaisers Julian bei seinem vergeblichen Versuche, eine dem Untergange verfallene Welt künstlich zu erneuern. Als der Versuch mißlungen war, zog sich der Neuplatonismus in die Schulen und Gelehrtenstuben zurück. Dort fristete er noch während des ganzen fünften Jahrhunderts sein Dasein.

Abb. 21 • Kaiser Julian, Büste im Louvre

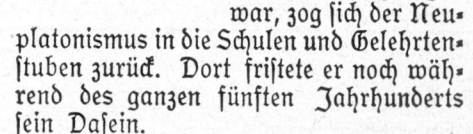

Für Augustinus kommt nur die erste Phase in Betracht. Er hatte die Schriften Plotins und Schriften von Porphyrius gelesen und zollt dem ersteren gelegentlich hohes Lob. Aber so stark auch der Einfluß war, den der Platonismus auf seine Denkweise ausübte, sowohl in seiner ursprünglichen Gestalt, in der er ihm durch Cicero und Apulejus vermittelt worden war, als in der veränderten, die er bei den genannten Schriftstellern vorfand, so war doch seine ganze Persönlichkeit viel zu bedeutend und seine geistige Begabung zu groß, als daß er nur ein Vertreter fremder Ansichten hätte werden können. Wo er fremdes Material übernimmt, geschieht dies nicht, ohne daß er dasselbe zuvor seiner Eigenart assimiliert hat. Schon seine frühesten Schriften zeigen, wie tief er in das Verständnis der Probleme eingedrungen ist, wie lebendig er ihren Zwang an sich erfahren hat, wie selbständig er fremden Lösungsversuchen gegenübertritt. Man spürt überall, daß sie nicht nur von außen an ihn herangebracht, daß sie ihm auch nicht jetzt zum erstenmale aufgestiegen sind, sondern ihn schon jahrelang beschäftigt haben. Er selbst berichtet von der Gewohnheit, viele Stunden der Nacht in angestrengter Denkarbeit zuzubringen. Ganz und gar sein Eigentum ist die schon früher hervorgehobene Gabe eindringender psychologischer Beobachtung. Vor ihr verschwindet alles bloß Ueberkommene, alles Konventionelle; sie zumeist gibt den Gedanken Augustins jenes ganz und gar individuelle Gepräge, welches uns trotz aller Anklänge an die Antike nicht selten völlig modern anmutet.

Das zeigt sich sofort bei der Erörterung der philosophischen Grundfrage: gibt es ein Wissen oder ist dem Menschen die sichere Erkenntnis der Wahrheit vorenthalten? Viele Jahrhunderte vor Descartes, dem Begründer der neueren Philosophie, hat Augustinus auf das Selbstbewußtsein, als auf die Grundlage und den Ausgangspunkt aller Gewißheit, hingewiesen. „Schweife nicht aus dir heraus, kehre in dich selbst ein, im inneren Menschen wohnt die Wahrheit". An der Thatsache unserer eigenen Existenz können wir nicht zweifeln, sie ist mit jedem Akte des Denkens, ja mit der Thatsache des Zweifelns selbst unmittelbar mitgegeben. An verschiedenen Orten und in verschiedenen Wendungen kommt er hierauf zurück. „Wer erkennt, daß er zweifelt, erkennt etwas Wahres und ist dieser von ihm erkannten Sache gewiß. Jeder also, der da zweifelt, ob es eine Wahrheit gibt, besitzt in sich selbst ein Wahres, an dem er nicht zweifeln kann".

„Wer könnte zweifeln, daß er lebt und sich erinnert, und erkennt und will, und denkt und weiß, und urteilt? Denn auch wenn er zweifelt, so lebt er, so erinnert er sich an das, woran er zweifelt, so erkennt er, daß er zweifelt, so will er Gewißheit haben, so weiß er, daß er nicht weiß, so urteilt er, daß er nicht vorschnell seine Zustimmung geben dürfe". Der Akt des Zweifelns schließt eine ganze Summe von Thätigkeiten und Vermögen ein, die der auf sich selbst reflektierende Geist anerkennen muß, ebenso, wie er notwendig und jederzeit die in dem allen eingeschlossene eigene Existenz anerkennen muß. Hier also erfassen wir einen Inbegriff von Wahrheiten, welche durch die Argumente der Akademiker nicht erschüttert werden können. Denn wollten sie einwenden: vielleicht täuschst du dich auch hierin, so wäre zu antworten: wenn ich mich täusche, so bin ich, denn wäre ich nicht, so könnte ich auch nicht getäuscht werden. Aber ihre Argumente haben auch keineswegs die Bedeutung, welche sie selbst ihnen beilegen. Weil uns die Sinne manchmal täuschen, sollen sie durchaus unzuverlässig sein, soll es überhaupt eine sichere Erkenntnis nicht geben. Aber wie verhält es sich denn mit jenen Sinnestäuschungen? Was liegt vor, wenn das ins Wasser getauchte Ruder gebrochen erscheint? Täuscht uns vielleicht das Auge? Keineswegs, denn es verkündet genau das, was es sieht. Die Sinne zeigen jedesmal das und nur das, was ihnen erscheint und nach den jeweiligen Umständen erscheinen muß. Ueber das, was uns erscheint, ist gar keine Täuschung möglich; das gilt auch von den Vorstellungen der Träumenden und den Trugbildern der Wahnsinnigen. Irrtum und Täuschung entstehen erst durch ein hinzutretendes Urteil, wenn ich behaupte, daß das aus dem Wasser gezogene Ruder mir ebenso erscheinen müsse, wie das eingetauchte, wenn ich die Wahnvorstellung auf ein außer mir existierendes Ding beziehe. Aus der Bethätigung des Verstandes also stammen Wahrheit und Irrtum, auf ihr beruht, was wir Wissen nennen. Wer aber wollte behaupten, daß es im Bereiche der Verstandesurteile keine sicheren Erkenntnisse geben könne? Muß nicht von zwei kontradiktorisch einander entgegengesetzten Urteilen notwendig das eine wahr sein, wenn das andere falsch ist, und umgekehrt?

Wenn aber sonach jede Erkenntnis die Bethätigung des Verstandes voraussetzt, so besagt dies bei Augustinus nicht, daß es ein Wissen erst gibt, wo wir die von den Sinnen gelieferten Vorstellungen in bestimmter Weise ordnen und miteinander verknüpfen, sondern vielmehr, daß das wahre Wissen sich auf die nicht den Sinnen, sondern nur dem Verstande zugänglichen höheren Wahrheiten bezieht. Der Grund ist der von der antiken Philosophie so nachdrücklich eingeschärfte: die jede Erkenntnis aufhebende unübersehbare Vielfältigkeit und haltlose Veränderlichkeit der Sinnenwelt. Das Gewußte ist das Dauernde und Allgemeingültige; nicht das, was der einzelne auf Grund seiner individuellen Beschaffenheit und seines zufälligen Verhaltens sich vorstellt, sondern das, was von allen stets und in der gleichen Weise gedacht wird. Gewußt werden die Zahlen und was damit zusammenhängt; gewußt werden die allgemeinen Ideen und die aus den unwandelbaren Beziehungen derselben untereinander sich ergebenden ewigen Wahrheiten. Weil die Wahrheit von einem jeden anerkannt werden muß, darum ist sie unabhängig von dem einzelnen, darum besteht sie an und für sich, der denkende Verstand erzeugt sie nicht, er findet sie vor. Er hat sie nicht von den Dingen der sinnlichen Erfahrung abgezogen, sondern bringt sie an dieselben heran, um sie darnach zu beurteilen. Wo Augustinus genauer spricht, bezeichnet er wohl die Erkenntnis der ewigen Wahrheiten als Weisheit, die der zeitlichen Dinge als Wissenschaft. Bei diesen letzteren ist dann aber nicht an die Erscheinungen des Naturlaufs, sondern an die Begebenheiten der Geschichte gedacht.

Immer wieder kommt er auf die obersten, jedem Zweifel entzogenen Wahrheiten zurück. Sie gelten nicht nur für die denkende Intelligenz des einzelnen, sie sind Gemeingut aller, wie die Sonne, die von allen gesehen, wie ein Wort, das von allen gehört wird. Aus den Wahrheiten, die allgemein gelten, wird ihm ein Gegenstand, der für alle da ist. Mit Vorliebe spricht er von der Wahrheit als einem selbständigen Wesen; die Wahrheit an sich, durch die jedes einzelne Wahre wahr ist, ist das höchste Ziel unserer Erkenntnis, das oberste Richtmaß all unseres Denkens. Sie ist eben darum das wertvollste und das letzte Ziel unseres Strebens. Mit einem Worte, die verselbständigte Wahrheit ist nichts anderes als Gott. Das System oder der Inbegriff der miteinander im Zusammenhange stehenden Vernunftwahrheiten wird ihm zum göttlichen Logos, zur Weisheit des Vaters, die mit dem Vater selbst gleich ist. Die intelligibele Welt Plotins ist in christliche Begriffe umgesetzt, und das Streben nach Erkenntnis der Wahrheit gewinnt die religiöse Färbung, in welcher es uns in den Konfessionen vom ersten bis zum letzten Blatte begegnet. Denken, Forschen, Erkennen ist die Leiter, auf welcher der Geist zu Gott aufsteigt. Ist jedes einzelne Wahre nur wahr durch die Wahrheit, so erfassen wir in jedem einzelnen gleichsam einen Abglanz des ewigen Lichts. Gott, die oberste Wahrheit, ist die Sonne des intelligibelen Bereichs; sie macht die sämtlichen Wahrheiten für uns erkennbar, wie die irdische Sonne die Körperwelt für das Auge sichtbar macht. Plato hatte das gleiche Bild von der Idee des Guten gebraucht. Wir können uns den Sinn desselben bei Augustin dahin verständlich machen, daß wir uns den Inbegriff der geltenden Wahrheiten als den Maßstab denken, an dem die einzelne Erkenntnis sich als wahr ausweisen muß. Ausdrücklich lehrt er, nur dadurch vermöchten wir die einzelnen Güter nach ihrem Werte zu unterscheiden und das Schöne und Angemessene als ein solches zu erkennen, daß wir den Begriff eines absolut Guten und Schönen schon mitbringen. Wir verstehen ferner, daß, wenn jener Inbegriff in seiner umfassenden Totalität gleichsam vor dem Auge unseres Geistes stünde, wir in ihm und aus ihm die einzelnen

Abb. 22
Kaiser Theodosius

Elemente verstehen würden, die er einschließt. Dem entspricht es, wenn Augustin lehrt, daß unsere Kenntnis von dem Wesen der Dinge nicht der Erfahrung entnommen werde, sondern sich wie eine Folgerung aus den ewigen Wahrheiten herleite. Es gehört ebenso hierher, wenn er nicht nur das Wort Gottes als den innersten Lehrmeister der Seele bezeichnet, den diese zu Rat ziehen müsse, um sich der Wahrheit des von einem menschlichen Lehrer Vorgebrachten zu vergewissern, sondern meint, der letztere vermöge in der That nicht, uns die Wahrheit zu lehren, sondern sei nur die Veranlassung, daß wir uns jenem einzigen inneren Lehrmeister zuwenden. In Konsequenz dieser Denkweise hatte er sich in seinen frühesten philosophischen Schriften zu der Lehre Platos von der Wiedererinnerung bekannt, wonach alles Lernen nur darin besteht, daß der Seele durch äußere Anlässe ins Bewußtsein zurückgerufen wird, was sie in einem früheren Leben unmittelbar geschaut hatte. Später verwarf er die mit der christlichen Lehre nicht zu vereinigende Ansicht und hielt es für genügend, anzunehmen, daß dem menschlichen Geiste nach dem Maße seiner Fassungskraft das Licht der ewigen Vernunft gegenwärtig sei, und dieser darin die unveränderlichen Wahrheiten erblicke, oder daß er mit jener intelligibelen Welt irgendwie in Verbindung stehe und sich zu ihr wende, wenn er sich von der Außenwelt zurückzieht.

Eine Lösung des erkenntnistheoretischen Problems ist damit allerdings nicht gegeben. Die Konsequenz, zu der sein Platonismus ihn hingeführt hatte, hat er an diesem Punkte ausdrücklich abgelehnt; die dadurch entstehende Lücke wird durch die gegebenen, sehr unbestimmten Andeutungen nicht ausgefüllt. Wiederholt ist von Späteren der Versuch gemacht worden, aus denselben heraus ein System zu gestalten. Es genügt, an Malebranche zu erinnern. Augustinus aber kann für die Formeln eines derartigen Systems nicht verantwortlich gemacht werden. Die Konsequenzen, zu denen jene Andeutungen führen, wenn sie in einer bestimmten Richtung weitergeführt werden, hat er selbst sich nicht vorgelegt. Daß er nicht daran dachte, dem Menschen schon in diesem Leben eine zutreffende Erkenntnis des göttlichen Wesens zuzuschreiben, die dann die inhaltliche Quelle weiterer Erkenntnisse sein könnte, geht aus deutlichen Aeußerungen mit hinreichender Bestimmtheit hervor. Andererseits darf man freilich nicht in alledem, was er über die höchsten Wahrheiten oder auch die eine allumfassende Wahrheit sagt, nur einen Ausdruck seines religiösen Empfindens erblicken wollen. Das Problem, das hier im Zusammenhange und in der Ausdrucksweise eines christlichen Platonismus auftritt, kehrt in der Geschichte der Philosophie immer wieder. Kants epochemachende Frage, ‚wie sind synthetische Urteile a priori möglich‘, ist nur eine neue Fassung desselben.

Einleuchtend aber ist, daß es für Augustin eines besonderen Beweises für das Dasein Gottes nicht bedarf. Wohl bekennt er sich an vielen Stellen zu dem Ausspruche des Apostels Paulus im Römerbriefe, daß die Schönheit der sichtbaren Schöpfung Zeugnis ablege für ihren unsichtbaren Schöpfer, aber er entwickelt ihn nicht in der Weise der Späteren. Er geht nicht aus von dem Axiome der Kausalität, welches uns nötigt, jedes Gewordene auf eine Ursache zurückzuführen, um die Gesamtheit des Gewordenen, die Welt, als die Wirkung einer obersten und letzten Ursache zu fassen. Ein solcher Beweis, der uns zwingt, gleichsam auf einem Umwege Gottes Dasein anzuerkennen, ist nicht nach seinem Sinne. Vielmehr glaubt er alle die, welche guten Willens sind, anleiten zu können, Gott, wenn auch nur von Ferne und in ungenügender, so doch in einer jeden Zweifel ausschließenden Weise mit dem geistigen Auge zu erfassen. Die äußere, körperliche Welt nämlich, die wir überall und bis ins kleinste hinein nach Maß und Zahl geordnet finden, weist uns zurück auf uns selbst. Denn Maß und Zahl sind nichts körperliches, unseren Sinnen zugängliches; nur denkend stellen wir sie vor. Wir begreifen sie erst, indem wir sie mit den dem intelligibelen Bereiche angehörigen unveränderlichen Zahlenverhältnissen vergleichen. Richten wir aber unser Augenmerk auf diese letzteren, so erheben wir uns nicht mehr nur über die Körperwelt, sondern auch über unsere Seele. Höher als unsere wandelbare Vernunft steht die ewige Wahrheit, der unsere Vernunft sich unterwerfen muß. Das Unwandelbare aber und Ewige, das da höher ist als Sein und Leben und Denken, und überhaupt das Höchste, wovon wir wissen, ist Gott. Wie die Wahrheit aller Wahrheiten, so ist er auch das oberste Gut, und alles, was wir sonst gut nennen, ist dies nur durch Teilnahme an seiner Güte. Es ist nur ein anderer Ausdruck der gleichen Denkweise, aber so, daß der platonische Ursprung noch deutlicher heraustritt, wenn Augustin uns auffordert, in den einzelnen Gütern, durch Abkehr von dem einzelnen das ihnen allen zugrunde liegende, allumfassende Gute, Gott, zu ergreifen.

Trotz alledem muß er bekennen, daß es leichter ist, zu sagen, was Gott nicht ist, als was er ist, und schon in einer seiner frühesten Schriften spricht er den Satz aus, den die spätere Mystik unzähligemale variiert hat, daß das Wissen Gottes in Wahrheit ein Nichtwissen sei. Wo er von Gottes überragender Vollkommenheit redet, bedient er sich der aristotelischen Kategorien, aber nur, um ihre Unanwendbarkeit zu betonen. Von Quantität und Qualität, von örtlicher und zeitlicher Bestimmtheit kann bei Gott keine Rede sein.

Die Welt ist das Erzeugnis der freien Schöpferthat Gottes. Mit besonderem Nachdrucke hebt Augustinus dies hervor. Wohl kann man Gottes Güte als Motiv der Weltschöpfung bezeichnen, aber nicht so, daß er dadurch, wie bei Plotin, zu einer Naturkraft herabgesetzt, oder die Güte für ihn selbst zu einer unüberwindlichen Macht wird. Er mußte nicht die Welt schaffen, weil dies das Bessere war, sondern er schuf sie, weil er wollte. Auf die Frage, warum Gott Himmel und Erde schuf, gibt es keine Antwort als diese, und jedes weitere Fragen muß als thöricht abgelehnt werden. Sicherlich ist Gottes Wille ein vernünftiger Wille, aber eine bestimmende Ursache für denselben kann es nicht geben, das hieße ihn einer höheren Gewalt unterwerfen.

Wenn Augustin mit besonderem Eifer jede Auffassung ablehnt, welche die Weltschöpfung auf einen, wie immer vergeistigten Naturprozeß zurückführt und sich somit an diesem Punkte weit vom Neuplatonismus entfernt, so veranlaßt ihn dazu keineswegs nur das kirchliche Dogma und der Wortlaut der heiligen Schrift. Vielmehr ist hier eine Triebfeder wirksam, die sein ganzes Denken mit am tiefsten und nachhaltigsten bestimmt. Wie sein eigenes Verhältnis zu Gott ganz und gar ein persönlich erlebtes ist, so kann er sich überhaupt Gottes Verhältnis zur Kreatur nur als ein persönliches vorstellen. Gottes Wille ist ein weiser, gütiger, liebevoller, aber ein durchaus persönlicher und darum schlechterdings freier Wille. Und dieser freie Schöpferwille ist die einzige Ursache der Welt, so im Ganzen wie in den Teilen. Vor anderthalb Jahrhunderten hatte im christlichen Oriente die Lehre des Origenes großes Aufsehen gemacht, welcher, all zutief in platonisierende Gedanken verstrickt, das Entstehen der körperlichen Welt als eine Folge des Abfalls der Geister erklären wollte. Augustin hält es für notwendig, derselben eine eigene Widerlegung zu widmen.

Umgekehrt bedient er sich der Lehre Platos, um die Art und Beschaffenheit des göttlichen Schöpfungsratschlusses zu erläutern. „Wer könnte zu behaupten wagen, Gott habe unvernünftigerweise die Dinge geschaffen? Kann dies aber mit Fug weder gesagt noch geglaubt werden, so bleibt nur übrig, daß alles nach einem vernünftigen Plane geschaffen wurde. Und darum auch nicht nach dem gleichen Plane der Mensch und das Pferd; solches anzunehmen wäre widersinnig. Es ist also jedes einzelne nach einem besonderen Plane geschaffen. Wo aber sollen wir diesen allumfassenden Weltplan suchen, wenn nicht im Geiste des Schöpfers? Denn dieser schaute nicht auf etwas außerhalb seiner gelegenes, um danach seine Einrichtungen zu treffen; es wäre Frevel, solches zu wähnen. Ist also der Plan aller Dinge, der zu schaffenden und der geschaffenen, im göttlichen Geiste enthalten, und kann im göttlichen Geiste nichts bestehen, was nicht ewig und unveränderlich wäre, und sind es diese ursächlichen Plangedanken, was Plato die Ideen nannte, so müssen wir nicht nur Ideen annehmen, sondern es kommt diesen auch ein wahres, weil ewiges Sein zu. Sie also verbleiben unverändert in solcher Art, durch Teilnahme an ihnen aber ist ein jegliches von den Dingen so, wie es ist".

Damit ist die platonische Ideenlehre für immer der christlichen Philosophie eingegliedert. Die Welt ist kein Produkt blinder Naturkräfte, nicht das wunderliche Ergebnis, zu dem ein sinnloser, aber in unbegreiflicher und unwiderstehlicher Gesetzlichkeit vorwärtsschreitender Mechanismus die bewegte Materie hingeführt hat, sondern der Vielheit der stofflichen Elemente und dem gesetzlichen Spiele der Kräfte liegt ein ursprünglicher Plan zu Grunde. Die einzelnen Dinge, die wir in der vor uns ausgebreiteten Welt unterscheiden, die unorganischen, aber sehr bestimmten Formgesetzen folgenden Körper wie die wunderbar zweckmäßigen Gebilde der Pflanzen und Tiere haben ihre Gestalt und Beschaffenheit nicht darum, **weil** der Zwang des Naturlaufs sie so zurecht gestoßen hat und anderes durch ihn keinen Bestand gewinnen konnte, sondern sie sind so, wie sie sind, weil sie so sein sollten, weil ihre Gestalt und Beschaffenheit, ihre Organisation und Lebensweise jenem allumfassenden Plane entspricht.

Auch das ist nun freilich eine gebotene Modifikation der platonischen Lehre, daß bei dem Namen Idee nicht mehr allein an den allgemeinen Begriff der Gattung gedacht werden darf, der die Vielheit der einander ähnlichen Einzeldinge unter sich begreift. Von Ewigkeit her ist vielmehr ein jedes von diesen in dem göttlichen Denken beschlossen. Denn sie existieren nur um dieses göttlichen Denkens willen, während umgekehrt unser menschliches Denken das Sein der Dinge voraussetzt. Darum bringt ihr Entstehen dem göttlichen Wissen keinen Zuwachs,

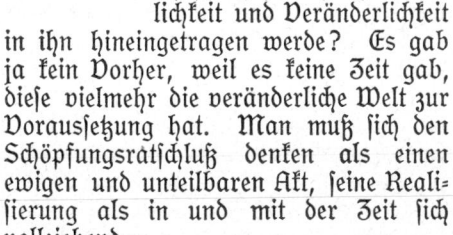

Abb. 23 · Valentinian II.

denn dasselbe umfaßt ursprünglich alles, das wirkliche und das mögliche. Der Wert der endlichen Dinge wird damit unendlich gesteigert; einem jeden liegt trotz aller seiner Vergänglichkeit ein ewiger Gottesgedanke zu Grunde, und die spätere Mystik hat sich nicht selten von hier aus in schwindelnde Höhen verstiegen. Augustinus aber hält mit aller Energie den Wesensunterschied fest, welcher das Geschöpf vom Schöpfer trennt. Nur Gott besitzt das Sein im vollen Sinne, oder vielmehr er ist das absolute Sein. Die Geschöpfe dagegen, die da jetzt sind, nachdem sie vorher nicht waren, oder nicht mehr sind, nachdem sie waren, oder noch nicht sind, aber späterhin sein werden, sind gleichsam aus Sein und Nichtsein gemischt. Der Schöpfungsplan ist ewig und unveränderlich, die Kreatur dagegen steht in der Zeit und unter der Zeit, welche, wie schon Plato im Timäus sagt, mit ihr geschaffen wurde. Darum ist die Frage gedankenlos, was Gott vor der Schöpfung that, und ebenso die andere, ob denn nicht, wenn er vorher müßig war und nachher sich schöpferisch bethätigte, Zeitlichkeit und Veränderlichkeit in ihn hineingetragen werde? Es gab ja kein Vorher, weil es keine Zeit gab, diese vielmehr die veränderliche Welt zur Voraussetzung hat. Man muß sich den Schöpfungsratschluß denken als einen ewigen und unteilbaren Akt, seine Realisierung als in und mit der Zeit sich vollziehend.

Mit seiner schöpferischen Macht ist Gott überall gegenwärtig; er erfüllt und umfaßt die Welt; er ist in jedem Raume, aber er wird von keinem eingeschlossen. Zöge er seine Macht zurück, so würde die Welt ins Nichts zurückfallen. Denn diese ist nicht wie das Werk eines menschlichen Künstlers, das einmal fertig gestellt, sich selbst überlassen bleibt; sie hat vielmehr ihren Bestand einzig in dem göttlichen Willen, und die Welterhaltung ist gleichsam eine immerwährende Schöpfung. Als das Werk des guten und vollkommenen Gottes ist ferner auch die Welt gut und vollkommen. Dieser Satz bedeutet für Augustinus mehr als nur eine logische Folgerung oder als eine Reminiszenz an den platonischen Timäus. So sehr seine Liebe dem Ewigen und Unsichtbaren zugekehrt ist, so besaß er doch ein offenes Auge für die Schönheit der Natur. Er bewundert sie im gestirnten Himmel wie in der bewegten Meeresfläche, den hochragenden Gebirgen und den fruchtbaren Ebenen. Aber jener Satz ist ihm vor allem ein Bekenntnis den Manichäern gegenüber, deren Dualismus ihn so lange gefangen hielt, und er wird darum nicht müde, ihn nach allen Seiten zu erörtern. Alles, was ist, ist insofern auch gut, denn es ist besser zu sein, als nicht zu sein. Aber ein jedes ist gut in seiner Art. Die Bestandteile des Universums sind außerordentlich mannigfaltig, sie sind verschieden nach dem Grade ihrer Vollkommenheit, in ihrer Gesamtheit aber begründen sie die Vollkommenheit des Ganzen. Auch das scheinbar Geringfügige und Häßliche durfte nicht fehlen, diente es auch nur wie der Schatten im Gemälde dazu, die Schönheit des übrigen um so lebendiger hervortreten zu lassen. Wer aber genauer zusieht, wird in dem, was dem oberflächlichen Blicke gering und verächtlich erscheint, die Spuren der die ganze Welt durchdringenden Ordnung und Schönheit erblicken; er wird selbst in dem Wurme, den sein Fuß zertritt, genug zum Bewundern finden. Mit den flachen und den Spott herausfordernden Betrachtungen, welche die Zweckmäßigkeit der Naturdinge nach dem Nutzen bemessen, welchen sie dem Menschen abwerfen, haben diese Gedanken nichts gemein. Augustinus nennt sie kindisch. Auch was für uns keinen Nutzen hat, ja in irgend einer Hinsicht sogar schädlich ist, ist darum nicht an sich schlecht und hat seinen Wert im Zusammenhange des Ganzen. Wo wir ohne Kenntnis dieses Zusammenhanges das einzelne für sich allein betrachten, erscheint es wertlos, wie ein Steinchen aus einem Mosaikgemälde. An der richtigen Stelle eingefügt, läßt es uns seine Bedeutung verstehen.

Daß hier Grenzen unseres Wissens liegen, gibt Augustinus unumwunden zu, aber seine Ueberzeugung, daß alles, was ist, insofern es ist, gut ist, wird dadurch nicht erschüttert. Ein neues Licht fällt zudem in die Untersuchung, wenn wir das, was uns als physisches Uebel in der Welt entgegentritt, mit dem moralischen Uebel, dem Bösen, zusammenhalten. Schmerzen und Elend werden von den dadurch Betroffenen als Uebel empfunden. Wo sie aber als Strafe der Sünde auftreten, müssen wir anerkennen, daß sie gut und von der Vollkommenheit der Welt gefordert sind. Aber aus dieser Lösung erwächst sogleich ein neues und schwieriges Problem. Woher kommt die Sünde? Was ist die Quelle und der Ursprung des Bösen? Warum hat der gütige Gott dasselbe nicht verhindert? Wäre die Welt nicht vollkommener, wenn es keine Sünde und darum auch keine Sündenstrafe, kein moralisches Uebel und darum auch das physische nicht gebe, welches wir jetzt freilich als die notwendige Folge des ersteren begreifen?

Das war die Frage, welche Augustin seit den Tagen seiner Jugend beschäftigt hatte. Was er zur Beantwortung derselben vorbringt, ist von der christlichen Philosophie der Folgezeit nicht übertroffen worden. Das Böse stammt allein aus dem freien Willen des vernünftigen Geschöpfs. Vergeblich suchen die, die Böses thun, eine andere Ursache dafür verantwortlich zu machen. Die Freiheit begründet die Würde des Menschen, aber in der Wandelbarkeit der aus dem Nichts hervorgerufenen Kreatur liegt die Möglichkeit des Mißbrauchs. Zwischen Sein und Nichtsein in der Mitte stehend, kann er sich zu jenem, aber auch zu diesem hinbewegen. Denn das Böse ist keine Realität, alles Wirkliche ist ja als solches gut; es kann darum nicht in der Handlung selbst liegen und nicht in ihrem Objekte. Es ist in Wahrheit etwas Negatives; es besteht darin, daß der Wille sich abkehrt von seinem eigentlichen Ziele, daß er sich zu dem wendet, was unter ihm ist, daß er ergreift, was er nicht ergreifen soll; es ist der Verlust des Guten, die Verderbnis der Seele. Seine Ursache ist ein Defekt, eine Ohnmacht, ein Unterlassen,

Abb. 24 · Innenansicht von San Paolo fuori le mura vor dem Brande

wie die Ursache der Finsternis die Abwesenheit des Lichtes ist, die Ursache der Stille das Fehlen jeden Lautes.

Man versteht, was diese Bestimmungen leisten sollen. Geht alles, was ist, auf die göttliche Ursächlichkeit zurück und kann doch der gute Gott nicht Ursache des Bösen sein, so bleibt nur übrig, daß das Böse keine Ursache hat, weil es an sich ein Nichtseiendes ist. Der Gedanke ließe sich auch so ausdrücken: nicht die Handlung als solche ist böse, denn eine und dieselbe kann je nachdem gut oder böse sein, sondern das Böse besteht nur im Verhältnis der Handlung zum göttlichen Gebote. Dieses Verhältnis selbst aber ist keine eigene Realität und bedarf keiner besonderen wirkenden Ursache.

Ist aber das Böse durch den Mißbrauch des freien Willens in die Welt gekommen, so wäre es freilich nicht gut, wenn es nicht gestraft würde. Damit ist das Vorhandensein des physischen Uebels, welches als Strafe der Sünde sich darstellt, ausreichend erklärt. Es stört die Vollkommenheit der Welt nicht, sondern wird gerade umgekehrt von dieser gefordert. Aber warum leiden schuldlose Kinder? Warum begegnet uns so häufig in der irdischen Welt — um die Ausdrucksweise einer viel späteren Zeit zu gebrauchen — ein Mißverhältnis zwischen moralischer Würdigkeit und Glückseligkeit? Augustinus bekennt, eine andere Antwort auf die erste Frage nicht zu besitzen als diejenige, welche in dem kirchlichen Dogma von der Erbsünde gegeben ist. Die Antwort auf die zweite findet er da, wo sie vor ihm und nach ihm gefunden wurde, in dem Hinweis auf einen Ausgleich im Jenseits.

Aber noch bleibt die andere Frage übrig: warum hat Gott das Böse nicht verhindert? Annehmen, daß er es nicht verhindern konnte, hieße seine Allmacht aufheben. Warum also hat er es nicht verhindern wollen? Die Antwort lautet: weil er für besser erachtete, der Freiheit ihren Lauf zu lassen und das thatsächlich eintretende Böse zum Guten zu wenden. Dem Menschen jede Möglichkeit der Sünde nehmen, hieße entweder ihn dessen berauben, worauf die auszeichnende Würde seiner Natur beruht, oder aber ihn auf die Stufe der im Guten gefestigten Engel erheben. Die Menschennatur, wie sie ist, schließt die Möglichkeit des Mißbrauchs in sich, aber dieser Mangel wird ausgeglichen durch den Wert der sittlichen Handlung, die eine mit Freiheit geschehende gute Handlung ist, und das Böse, welches aus dem Mißbrauche hervorgeht, ist von Gott der Ordnung des Ganzen unterworfen. Augustin behauptet nicht mit Leibniz, daß das Böse um der Vollkommenheit der Welt willen notwendig sei, und daß es darum von Gott habe zugelassen werden müssen. Gut und vollkommen wäre eine Welt ohne Sünde und Elend gewesen, gut und Gottes würdig ist die Welt, in der die Sünde bestraft wird, unmöglich wäre nur eine Welt, in der das Böse straflos bestünde. Von Leibniz trennt ihn die energische Betonung der freien Schöpfungsthat. Gott schuf die Welt, weil er wollte, nicht weil er sie als die beste unter allen möglichen hätte schaffen müssen.

Das Böse erscheint deshalb auch keineswegs als ein von dem Geschöpfe über den Schöpfer davon getragener Sieg. Wer sich dem göttlichen Gesetze nicht durch seine That unterwirft, indem er es befolgt, wird ihm durch die Strafe unterworfen, die er erleidet, wenn er es übertritt.

Von einem die Welt durchwaltenden Gesetze war seit unvordenklichen Zeiten in der griechischen Philosophie die Rede gewesen. Der uralte ephesische Weise, Heraklit, hatte dasselbe als den Ausdruck einer höchsten Vernunft bezeichnet und gelehrt, daß alle menschlichen Gesetze aus ihm ihre Kraft schöpften. Später hatte dann insbesondere die stoische Schule den Gedanken aufgenommen und die Lehre von dem universalen Weltgesetze nach der kosmologischen wie nach der ethischen Seite hin weiter entwickelt. Von ihr übernahm ihn Cicero, um an zahlreichen Stellen seiner Schriften, in glänzender Sprache, das eine, oberste, unwandelbare Gesetz zu preisen, das in Rom ebenso gilt, wie in Athen, an dem jedes von Menschen erlassene sich ausweisen muß, ob es gerecht ist oder nicht. Durch Augustin wird die Lehre zum unverlierbaren Bestandteil der christlichen

Philosophie, aber das Gesetz gilt jetzt nicht mehr bloß als der Ausdruck einer höchsten Vernunft, es ist zugleich der Befehl eines Willens, das Gebot des persönlichen Gottes. Die Welt ist kein toter Mechanismus. Neben der höchsten Macht und der höchsten Weisheit hat auch die Liebe darin ihre Stelle. Die Verkettung der Ursachen ist kein blindes Verhängnis, sondern das Werk der göttlichen Vorsehung.

Wenn es aber eine Vorsehung gibt und diese — der Natur der Sache nach — in dem göttlichen Vorauswissen gründet, und wenn das, was Gott voraussieht, unausweichlich eintritt, kann dann noch im Ernste von einer Freiheit der menschlichen Handlungen die Rede sein? Muß ich nicht so handeln, wie ich handle, weil Gott, von dem alle Täuschung ausgeschlossen ist, von Ewigkeit her vorausgesehen hat, daß ich so handeln werde? Das Problem, das den Alten nicht völlig fremd geblieben war, mußte sich mit ganzer Macht den christlichen Denkern aufdrängen. Augustin glaubt die Lösung — eine solche, die jedes Dunkel verscheuchte, ist es freilich nicht und kann es nicht sein — darin erblicken zu sollen, daß das göttliche Vorauswissen den menschlichen Handlungen keinen Zwang auferlege, insoferne die mit Freiheit vollzogenen eben auch als solche vorausgesehen wurden. Weit entfernt, mir die Eigenmacht meines Handelns zu nehmen, bestätigt es vielmehr dieselbe: die von Gott vorausgesehene freie That kann nicht anders als eine freie sein. Wenn es wahr ist, daß die Ordnung der Ursachen, aus denen jegliches hervorgeht, von Ewigkeit her im göttlichen Wissen feststeht, so macht dies unseren Willen nicht unfrei, da dieser vielmehr in jene vorhergesehene Ordnung miteingeschlossen ist. Ein bezeichnendes Licht fällt dabei auf Augustins Naturauffassung, wenn er geneigt scheint, überhaupt nur Wollungen als wirkende Ursachen anzuerkennen, und die in der Welt geschehenden Wirkungen sonach einzig auf Gott und die geschaffenen Geister zurückzuführen. Gott ist nur thätig, niemals leidend, die geschaffenen Geister üben und empfangen Wirkungen; die körperlichen Dinge, die mehr ein passives Geschehen als eine eigentliche Thätigkeit offenbaren, sind den wirkenden Ursachen nicht zuzuzählen.

Innerhalb der geschaffenen Welt ist es allein der Mensch, näher noch die menschliche Seele, womit sich Augustinus eingehender beschäftigt hat. Beides, Seele und Leib, gehört allerdings zusammen. Es ist thöricht, wenn die Manichäer den Leib wie alles Körperliche als etwas Böses ansehen, es ist falsch, wenn die Platoniker in ihm den Kerker der Seele und die Quelle aller Uebel und Bedrängnisse erblicken. Auch der Leib legt Zeugnis ab für die Güte und Größe des Schöpfers; er ist das vorzüglichste Werkzeug der vernünftigen Seele, aber nicht nur die Zweckmäßigkeit, sondern ebenso die Schönheit ist für seinen Aufbau und seine wunderbare Organisation bestimmend gewesen. Weit höher aber steht die Seele, von welcher der Leib das Leben empfängt. Schon die Alten nannten den Menschen ein sterbliches vernünftiges Lebewesen. Daß er vernünftig ist, scheidet ihn von den Tieren, daß er sterblich ist, von den reinen Geistern.

Aber was ist unsere Seele, und welche Erkenntnis haben wir von ihr? Für Augustins philosophischen Standpunkt ist nichts bezeichnender als die eindringende Untersuchung, welche er diesen Fragen widmet. Keiner unter allen Denkern der früheren Jahrhunderte hat mit solcher Energie auf das Selbstbewußtsein verwiesen, keiner mit solchem Nachdrucke den Ichgedanken herausgehoben und zum Ausgangspunkte seiner Erörterungen gemacht. Ein Phänomenalismus, der unsere Seele in ein Bündel von Vorstellungen, eine Reihe seelischer Vorgänge auflösen will, wäre ihm unverständlich gewesen. Das ‚ich denke und lebe, und weiß um mein Denken und Leben' ist ihm nicht nur der unerschütterliche Pfeiler aller Gewißheit, sondern offenbart ihm zugleich die Substanzialität der Seele und ihre Verschiedenheit vom Körper, ihre Einfachheit und Geistigkeit. Die eigene Seele ist für einen jeden das Bekannteste, weil das jederzeit und unmittelbar Gegenwärtige. Das Sokratische Wort: ‚erkenne dich

Frhr. v. Hertling, Augustin

Abb. 25 · Mosaik der Tribuna von Santa Pudenziana in Rom, 4. Jahrhundert

selbst' besagt nicht, daß wir etwas Fremdes und Entlegenes aufsuchen, sondern nur, daß wir alles entfernen sollen, was sich als trügerischer Schein vor das Wesen der Seele stellen könnte. Eindrücke der uns umgebenden Körperwelt prägen sich unserem Gedächtnisse ein; dem Körperlichen zugethan und in seinen Vorstellungen befangen, bleiben wir an diesen haften, auch wo es sich um Unkörperliches handelt. So sagten die alten Philosophen, die Seele sei Luft oder Feuer oder irgend etwas dergleichen. Aber etwas Anderes sind die Vorstellungen, die ich habe, und etwas Anderes bin ich selbst, der ich sie habe und darum weiß, daß ich sie habe. Daß meine Seele irgend ein körperlicher Stoff oder das Resultat meiner körperlichen Zusammensetzung sei, kann ich höchstens glauben, indem ich die Vorstellung davon in meinem Geiste habe. Eben dies aber, daß ich sie habe, weiß ich; ich weiß, daß ich denke, daß ich lebe, daß ich existiere. Thuen wir also ab alles bloße Glauben und halten wir uns an das sichere Wissen: meine Seele ist die denkende, lebende, existierende und um dies alles wissende Substanz, das ist ihr Wesen und ihre von allem Körperlichen deutlich unterschiedene Natur. Wäre sie körperlich, so müßte sie dessen inne werden, so könnte sie nichts Unkörperliches erfassen, so könnten in ihr nicht unzählige Eindrücke zugleich sein. So ist sie also eine geistige Substanz, nicht absolut einfach, wie Gott, aber einfach im Vergleiche mit dem Körper; nicht räumlich ausgebreitet und nicht beweglich im Raume, wohl aber vergänglich in der Zeit. In ihrer einheitlichen und ungeteilten Beschaffenheit ist sie in jedem Stadium des Menschenlebens gegenwärtig, im unmündigen Kinde wie im Erwachsenen, im Schlafenden wie im Wachenden.

Schon in einer seiner frühesten Schriften gibt Augustinus die Definition, die Seele sei eine vernünftige Substanz, bestimmt und darauf angelegt, den Körper zu regieren. Als nahezu ein Jahrtausend später die Philosophie des christlichen Abendlandes die aristotelischen Lehrbestimmungen in sich aufgenommen hatte, wurde diese Definition durch die andere verdrängt, sie sei die Form des Leibes. In Wahrheit aber hat trotz dem aristotelischen Ausdrucke der augustinische Gedanke den Sieg behauptet, denn der erstere war, ohne daß man sich dabei der Abweichung von der eigentlichen

Meinung des Stagiriten bewußt war, im Sinne des letzteren verstanden worden. Die Folge war, daß man sich über eine Schwierigkeit hinwegtäuschte, welche Augustinus ausdrücklich hervorhebt und in der er eine Grenze unsres Verständnisses anerkennt. „Auf welche Weise Geistiges sich mit Körperlichem verbindet, sodaß daraus ein Lebendiges entsteht", ist, wie er sagt, „durchaus wunderbar und kann von dem Menschen nicht begriffen werden". Auch an diesem Punkte hat sonach Descartes, der Begründer der neueren Philosophie, nur wiederholt, was Augustinus vor ihm ausgesprochen hatte.

Dagegen hat die Scholastik von Augustinus eine andere Formel übernommen und dauernd beibehalten, daß nämlich die Seele ganz im ganzen Leibe sei und ganz in jedem körperlichen Teile sich finde. Nicht immer hat man sich dabei erinnert, was zu ihrer ursprünglichen Aufstellung geführt hatte. Schmerzt mich mein Fuß, so empfinde ich nicht nur Schmerz, sondern ich empfinde ihn auch an einer bestimmten Stelle, sodaß ich mein Auge auf dieselbe richten, mit der Hand danach greifen kann. Diese Lokalisation der Empfindungen wäre nicht möglich, meint Augustinus, wenn die Seele nicht an jeder Stelle des Leibes sich fände, und zwar ganz, weil sie selbst unteilbar ist. Denn er glaubt nicht annehmen zu können, daß ihr die Empfindungen durch einen Boten, der selbst keine Empfindungen hätte, übermittelt würden, und ebenso wenig, daß der dieselben veranlassende Vorgang sich durch den ganzen Körper fortpflanzte und so zur Kenntnis der Seele käme. Es ist somit die Unbekanntschaft mit der Funktion der sensibelen Nerven und ihrer Zentralisation, was ihn die Erklärung in der Annahme finden läßt, die überall gegenwärtige Seele gewinne die Kenntnis unmittelbar dort, wo der Vorgang sich ereignet. Aber sie entspricht zugleich der Auffassung, die er überhaupt von dem Verhältnisse hat, welches zwischen Seele und Leib besteht. Daß dieser auf die über ihm stehende Seele einwirken könne, scheint ihm nicht möglich. Nicht der Körper empfindet und nicht die Seele erleidet von ihm eine Einwirkung, sondern sie erkennt in den Empfindungen, was im Körper vor sich geht. Auf die gleiche Weise kommen die Sinneswahrnehmungen zustande. Nicht das Auge sieht, nicht das Ohr hört, sondern die Seele ist es, welche die in den Sinnesorganen unter Einwirkung der äußern Objekte geschehenden Veränderungen erkennt. Wir würden vielleicht sagen: welche nach Maßgabe jener Veränderungen die Wahrnehmungsbilder in sich erzeugt. Aber es ist zweifelhaft, ob dies der Meinung Augustins entsprochen haben würde, der nicht nur das Körperliche selbst, sondern auch die Vorstellungen vom Körperlichen als etwas von der Seele Verschiedenes und ihr irgendwie äußerlich Gegenüberstehendes zu denken scheint. Was in ihr selbst geschieht, ist geistig, wie ihr Wesen geistig ist. Aber um bestimmte Wahrnehmungsbilder zu haben, sind die entsprechenden Sinnesorgane erforderlich. Der Blindgeborene weiß nichts von dem Lichte und den Farben.

Die Grundkräfte der Seele sind Erkenntnis, Gedächtnis, Wille. Von dem Gedächtnisse redet Augustinus an vielen Stellen, er versteht aber darunter nicht nur das Vermögen, die von irgendwoher gewonnenen Bilder und Kenntnisse festzuhalten und nach Wunsch zurückzurufen, sondern auch das aktuelle Bewußtsein, welches unsre seelischen Thätigkeiten und Zustände begleitet. Dabei zeigt es sich, wenn er auch den Namen nicht hat, daß ihm das Problem der unbewußten seelischen Vorgänge nicht verborgen geblieben ist. Der Wille ist ihm gleichbedeutend mit der Liebe. In dieser gründen die sämtlichen Affekte. Verlangend nach dem geliebten Gegenstande ist die Liebe Begierde; sie ist Freude in seinem Besitz und Genuß, Furcht, wo sie flieht, was dem geliebten Gegenstande feindlich ist, Traurigkeit, wenn sie ihm feindliches erleiden muß. Augustinus kennt nur diese vier. Haß scheint seine Seele nie empfunden zu haben.

Von der Unsterblichkeit handeln die Soliloquien und eine kleine, bald danach und zu ihrer Ergänzung abgefaßte, nach dem Thema selbst benannte Abhandlung.

Von der letzteren bemerkte Augustinus gegen Ende seines Lebens, ihre geschraubte und knappe Beweisführung mache sie so dunkel, daß sie bei der Lektüre ermüde, und ihm selbst kaum mehr verständlich sei. In der That reproduziert sie in der Hauptsache die Gedanken Plotins, mit dessen Schriften er sich sonach zur Zeit ihrer Abfassung sehr eingehend beschäftigt haben muß. An beiden Orten leitet er die Unsterblichkeit daraus her, daß die Seele Sitz und Träger der unvergänglichen Wahrheit ist. Was irgendwie das Ewige in sich schließt, muß selbst an der Ewigkeit teilnehmen. Die Unvergänglichkeit der Wahrheit aber wird darin erkannt, daß die einmal giltige, beispielsweise die eines mathematischen Lehrsatzes, niemals aufhören kann, zu gelten. Daraus folgt freilich nur, daß, so oft sie von einem denkenden Geiste gedacht wird, sie als eine geltende anerkannt werden muß, nicht aber, daß immer ein Geist sie denken müsse, und selbst wenn das letztere folgte, würde dem durch das Dasein des göttlichen Geistes als des umfassenden Sitzes aller Wahrheit genügt sein. In seinem, dem gleichen Gegenstande gewidmeten Dialoge Phädo hatte Plato geglaubt, ein durchschlagendes Argument vorzubringen, wo er ausführt, die Seele müsse unsterblich sein, denn da sie ihrem Wesen nach mit der Idee des Lebens verbunden sei, könne sie niemals den diesem ihrem Wesen entgegengesetzten Tod an sich erfahren. Treffend wendet Augustinus in den Selbstgesprächen hiergegen ein, auch dem Lichte widerspreche seinem Wesen nach die Finsternis, und doch kann die Finsternis das Licht verdrängen, oder sie tritt ein, wenn das Licht erlischt. In der kleineren Abhandlung kommt er nochmals darauf zurück und meint jetzt dem Beweise zwingende Kraft zu verleihen, indem er ihn mit Gedanken kombiniert, welche einem andern platonischen Dialog, dem Phädrus, entnommen sind, ohne jedoch dieses Ziel zu erreichen. Späterhin scheint er diesen und ähnlichen Beweisversuchen nur mehr geringen Wert beigelegt zu haben. Die Unsterblichkeit der Seele ist nicht so sehr ein einzelner Bestandteil der christlichen Glaubenslehre, als vielmehr die Voraussetzung derselben.

Je inniger er mit ihr im Verlaufe seines Lebens zusammengewachsen war, desto weniger mochte er das Bedürfnis nach einer metaphysischen Begründung ihrer Voraussetzungen empfinden. Im übrigen steht ihm die Unsterblichkeit fest, weil nur ein unsterbliches Leben dem Streben des Menschenherzens nach Glückseligkeit Genüge thut, und weil dasselbe den von der göttlichen Gerechtigkeit geforderten endgültigen Sieg des Guten bringen wird.

Umgekehrt läßt ihn bei einer andern Frage der Zusammenhang, in welchem dieselbe mit dem kirchlichen Dogma steht, nicht zu einer bestimmten Ansicht gelangen. Woher stammen die Menschenseelen? Entstehen sie wie die Körper aus dem Zusammenwirken natürlicher Ursachen? Stammen die Seelen der Kinder von den Eltern, oder wird jede einzelne in einem bestimmten Momente der körperlichen Entwicklung unmittelbar von Gott geschaffen? Nach seiner ganzen Denkweise neigt Augustin zu der letzteren, später zu allgemeiner Annahme gelangten Auffassung, dem sogenannten Kreatianismus. Wenn er sie trotzdem nicht mit Bestimmtheit zu ergreifen wagt, so ist es, weil ihm die andere, der sogenannte Generatianismus, die Vererbung der durch Adams Fall herbeigeführten Verderbnis der Menschennatur leichter begreiflich zu machen scheint. Und so bekennt er noch kurz vor seinem Tode, daß er weder früher gewußt habe noch jetzt wisse, ob die später entstandenen Seelen von den früher geschaffenen abstammten oder selbst neu geschaffen wurden.

Es ist so ziemlich der ganze Umkreis der Fragen, zu deren Betrachtung in den folgenden Jahrhunderten die christliche Philosophie immer wieder zurückgekehrt ist, welche Augustinus solchergestalt berührt und mehr oder minder eingehend behandelt hat. Nicht alle seine Lösungen sind zu bleibenden, von Generation zu Generation weitergeführten Bestandstücken ihres Besitztums geworden. Bis zum Beginn des dreizehnten Jahrhunderts herrschte in den Schulen des Abendlandes der Augustinismus, dann wurde dieser durch den Aristotelismus zurückgedrängt. Von nun an ist Thomas von Aquin der Führer auf spekulativem Gebiete. Ins=

besondere wurden jetzt alle die Elemente beseitigt, welche in der Erkenntnislehre an den neuplatonischen Intellektualismus erinnern. Aber wie die neue Autorität sich nicht ohne Kampf durchzusetzen vermag, so auch geschieht die Aufnahme der neuen Bestimmungen nicht, ohne daß die augustinischen Gedanken ihren Einfluß behaupten, wie dies schon oben bezüglich eines einzelnen Punktes angedeutet wurde. Alles in allem bleibt trotz der vielfach veränderten Form die Uebereinstimmung mit Augustinus größer als die Abweichung von ihm. Umfassender aber noch und nachhaltiger als auf philosophischem Gebiete ist in der Theologie die Einwirkung seiner Ideen auf die Folgezeit gewesen. Ehe indessen hiervon die Rede sein kann, muß zunächst der Faden seines Lebensganges wieder aufgenommen werden.

*

Zu Anfang des Jahres 387 kehrte Augustinus nach Mailand zurück. Hier schloß er sich der Zahl derer an, welche getauft zu werden wünschten und sich dem kirchlichen Gebrauche gemäß durch bestimmte religiöse Uebungen darauf vorzubereiten hatten. Daneben setzte er seine schriftstellerische Thätigkeit fort. Außer der schon genannten Abhandlung über die Unsterblichkeit der Seele begann er, noch immer in dem Gedankenkreise seines früheren Berufes befangen, eine Bearbeitung der Unterrichtsfächer, welche man unter dem Namen der ‚freien Künste‘ zusammenzufassen pflegte, so aber, daß er seiner Angabe gemäß die Schüler wie auf einer Stufenleiter durch die körperlichen zu den geistigen Dingen hinzuführen bestrebt war. Nur den Abschnitt über die Grammatik konnte er damals fertigstellen. Das größere Werk über die Musik wurde nach der Rückkehr in Afrika vollendet. Was die fünf anderen Fächer betrifft, nach Augustins Zählung: Dialektik, Rhetorik, Geometrie, Arithmetik und Philosophie, so kam er nicht über erste Ansätze hinaus. Außer den sechs Büchern über Musik haben sich von diesen Arbeiten nur die Prinzipien der Dialektik und der Rhetorik erhalten.

Am Tage vor Ostern, dem 24. April, wurde er von Ambrosius getauft, mit ihm Alypius und der fünfzehnjährige Adeodatus. Seine Absicht war, mit einer kleinen Zahl gleichgesinnter Genossen ein von der Welt abgekehrtes Leben der Wissenschaft und Frömmigkeit zu führen. Als neuer Gefährte hatte sich Evodius von Thagaste zugesellt, der, schon länger getauft, sein Amt als kaiserlicher Polizeiagent aufgegeben und beschlossen hatte, sich völlig Gott zu weihen. Der Plan stand fest, es fragte sich nur, wo er zur Ausführung gelangen sollte. Da die Genossen sämtlich Afrikaner waren, lag es nahe, daß die Wahl auf die gemeinsame Heimat fiel. Wie lange Augustinus nach der Taufe noch in Mailand blieb, läßt sich nicht mit Sicherheit bestimmen. Im November befand er sich in Ostia, um sich von dort nach Afrika einzuschiffen. Hier starb Monika.

Im neunten Buche der Konfessionen hat Augustinus seiner Mutter ein unvergängliches Denkmal gesetzt. Was er zu ihrem Andenken sagt, atmet die zartesten Empfindungen kindlicher Liebe. Er erzählt, was er von ihrem Jugendleben weiß, er preist ihre unvergleichliche Sanftmut im Verkehr mit dem leidenschaftlichen Gatten, er gedenkt ihrer vielen Thränen, durch welche sie ihn gleichsam zum zweitenmale geboren hatte. Auch berichtet er über ein Gespräch, das er mit ihr führte, wenige Tage vor ihrer tötlichen Erkrankung. „Wir beide standen allein an ein Fenster gelehnt, welches auf den inneren Garten des Hauses blickte, das uns beherbergte. Ueberaus lieblich war unsere einsame Unterhaltung. Wir vergaßen, was hinter uns lag, einzig auf das Zukünftige schauend, und im Angesichte der allgegenwärtigen Wahrheit fragten wir uns, welches dereinst jenes ewige Leben der Heiligen sein werde, das da kein Auge gesehen und kein Ohr gehört hat und das in keines Menschen Herz gedrungen ist. Wir lechzten aber mit dem Munde unseres Herzens nach den Wassern von oben, strömend aus der Quelle göttlichen Lebens, um von ihnen besprengt nach dem Maße unserer Fassungskraft ein so erhabenes Thema, so gut es gehen mochte, zu betrachten. Als nun die Rede dahin geführt hatte, daß uns keine durch die Sinne vermittelte Ergötzlichkeit, wie groß sie auch sein und in wie hellem Glanze körperlichen Lichtes sie auch erstrahlen möge, neben den Freuden jenes Lebens der Vergleichung, ja selbst nur der Erwähnung wert erschien, da richteten wir unsern Geist empor und unsere Herzen entbrannten und wir durchwandelten stufenweise die gesamte körperliche Welt und auch den Himmel, von dem aus Sonne, Mond und Sterne über der Erde leuchten. Und weiter aufmehr: gewesen sein und zukünftig sein gilt von ihr nicht, sondern einzig das Sein, weil sie ewig ist. Denn gewesen sein und in Zukunft sein heißt nicht ewig sein. Und während wir von ihr redeten und danach verlangten, berührten wir sie leise in einer Verzückung des Herzens, und wir seufzten auf und ließen dort gleichsam angeheftet die Erstlinge unseres Geistes und kehrten zurück zu dem Laute unseres Mundes, wo das Wort beginnt

Abb. 26 · Holzskulptur von Georg Busch

steigend, innerlich bedenkend und mit einander redend und deine Werke bewundernd, gelangten wir zu unserer Seele, aber wir schritten auch über sie hinaus, damit wir zu dem Lande unerschöpflicher Fruchtbarkeit gelangten, wo der Herr ewiglich Israel weidet auf den Gefilden der Wahrheit, wo Leben Vereinigung mit der Weisheit ist, durch welche alles besteht, was ist und was war und sein wird; sie selbst aber wird nicht sein, sondern sie ist immerdar so und wird immer sein, wie sie war; oder vielund endet, — wie wäre es vergleichbar deinem Worte, unserm Herrn, das da nicht altert und in sich verbleibt und alles neu macht? Und wir sprachen: wenn in jemandem die Unruhe des Fleisches schwiege, es schwiegen die Vorstellungen der Erde, des Wassers und der Luft, es schwiege der Himmel und es schwiege in sich die Seele, und ihrer selbst vergessend erhöbe sie sich über sich selbst, es schwiegen die Träume und alle leeren Phantasiegebilde, jede Sprache und jedes Zeichen, und alles, was geschieht, indem es vorübergeht, wenn dies alles in ihm verstummte — —, denn wenn jemand hören kann, so sagen diese alle: nicht wir selbst haben uns gemacht, sondern der machte uns, der da bleibt in Ewigkeit. Wenn sie nach diesen Worten wiederum schwiegen, weil sie das Ohr hingerichtet haben auf ihren Schöpfer, und nun er allein spräche, nicht durch jene, sondern durch sich selbst, so daß wir sein Wort hörten; nicht mit einer körperlichen Zunge, noch der Stimme eines Engels, noch durch einen Schall aus der Wolke, noch durch Rätsel und Gleichnis, so daß wir ihn selbst, den wir in allem diesen lieben, hörten ohne alles dieses, wie wir uns jetzt ausspannten und in reißendem Gedankenfluge die ewige, alles überdauernde Wahrheit berührten; wenn dies anhielte und jedes andere, so ganz andersartige Schauen verschwände, und diese eine Wahrheit den Beschauer entrückte und an sich zöge und in innerliche Freuden versenkte, so daß wie für uns dieser eine Augenblick des Erkennens war, so das ewige Leben beschaffen wäre, nach dem wir geseufzt haben: ist das dann nicht, wovon geschrieben steht: ‚gehe ein in die Freuden deines Herrn?‘ Und wann wird dies geschehen? Dann, wenn wir alle auferstehen, aber nicht alle verwandelt werden?

„Solcherlei sagte ich, und wenn auch nicht genau in dieser Weise und mit diesen Worten, so weißt doch du, o Herr, daß wir an jenem Tage solcherlei mit einander redeten, und unter diesen Reden uns die Welt mit allen ihren Reizen dahinsank. Die Mutter aber erwiderte: mein Sohn, was mich betrifft, so lockt mich nichts mehr in diesem Leben. Ich weiß nicht, was ich hier noch beginnen soll und wozu ich noch hier bin. Von dieser Zeitlichkeit hoffe ich nichts mehr. Was mich wünschen ließ, am Leben zu bleiben, war allein, daß ich hoffte, vor meinem Tode dich als katholischen Christen zu sehen. Reichlicher noch hat dies Gott gewährt, da ich dich zugleich als seinen Diener erblicke, der aller irdischen Glückseligkeit den Rücken gekehrt hat. Was thue ich hier?"

Fünf oder sechs Tage danach befiel sie das Fieber, und am neunten Tage der Krankheit starb sie. Augustinus drückte ihr die Augen zu und bemühte sich, seinen Schmerz zu bezwingen. Schien es ihm doch nicht angemessen, ihren Tod mit Klagen und Seufzen zu begehen, als sei die Sterbende von einem Unglücke betroffen worden. Denn er vertraute ja sicher, daß sie nicht ganz gestorben sei. In gewohnter Weise unterhielt er sich mit den Freunden, thränenlos wohnte er dem Begräbnisse und dem für die Entschlafene dargebrachten heiligen Opfer bei, um so heftiger aber war der verborgene Schmerz seines Innern, und vergeblich bat er Gott, ihn von demselben zu heilen. Und als am frühen Morgen das Bild der Geschiedenen neuerdings vor seine Seele trat, weinte er im Angesicht Gottes und ließ den lange zurückgehaltenen Thränen freien Lauf. „Lese dies, wer will", so schließt er den Bericht, „und lege er es nach Gefallen aus, und wenn er es für sündhaft hält, daß ich eine zeitlang um meine Mutter geweint habe, die für jetzt meinen Augen gestorben war, nachdem sie viele Jahre um mich geweint, damit ich vor den Augen Gottes leben möge, so verlache er mich nicht, sondern wenn die Liebe in ihm groß ist, so weine auch er über meine Sünden vor dir, dem Vater aller Brüder deines Gesalbten."

Noch im vierzehnten Jahrhundert zeigte man in Ostia das Grab der hl. Monika. Papst Martin V. ließ die Gebeine nach Rom bringen, wo sie jetzt in der Kirche San Agostino beigesetzt sind.

Augustinus war nach Ostia gekommen, um von da die Seereise nach der Heimat anzutreten. Jetzt änderte er seinen Plan und begab sich nach Rom. Vielleicht war es die durch die Krankheit und den Tod der Mutter herbeigeführte Verzögerung, was ihn dazu veranlaßte; von Mitte November ab war die Schiffahrt geschlossen. Ein Zusammenhang mit den politischen Ereignissen ist schwerlich anzunehmen, so aufregend sich dieselben auch gestaltet hatten.

Oben ist von dem Abkommen mit dem Usurpator Maximus vom Jahre 384 berichtet worden. Dasselbe hatte für Valentinian ein Stück seines Kaisertums gerettet; die Regierung führte an seiner Stelle in Wahrheit seine Mutter Justina.

Ebenso wurde erwähnt, daß diese mit allen Mitteln bestrebt war, die Sache des Arianismus zu fördern. In Mailand war sie dabei der stärkeren Autorität des Ambrosius unterlegen. Daß sie trotzdem in anderen Städten Italiens die gleichen Bemühungen fortsetzte, wurde verhängnisvoll. Maximus gewann dadurch die erwünschte Handhabe, sich in die Verhältnisse Italiens einzumischen. Mit kluger Berechnung war er von Anfang an als Beschützer der Katholiken aufgetreten und hatte sich dadurch die Gunst der gallischen und spanischen Bischöfe erworben. Daß er in dem zur Schau getragenen Eifer soweit ging, im Jahre 385 in Trier die Häupter der Priszillianisten, über deren Lehren wir nur ungenügend unterrichtet sind, hinrichten zu lassen, mußte freilich die Entrüstung und den Abscheu aller erleuchteten Katholiken hervorrufen. Martin von Tours, ‚der gallische Ambrosius‘, verließ nach einem energischen Proteste das kaiserliche Hoflager, an dem er sich gerade befunden hatte. Aber bei den Massen erreichte er seinen Zweck: der Vorkämpfer der Orthodoxie gewann auch in dem Herrschaftsgebiet Valentinians nicht geringe Sympathien. Im Vertrauen hierauf richtete er ein Schreiben an den jungen Kaiser, in welchem er ihm seine gegen die Katholiken gerichteten Maßregeln vorhielt, und nach einer weitschweifigen Zurückweisung des Arianismus Valentinian ermahnte, in der Gemeinschaft des römischen Stuhles zu verbleiben. Daran schlossen sich im zweiten Teile Vorwürfe ganz anderer Art. Maximus führte lebhafte Beschwerde über Grenzverletzungen, welche sich Valentinians General Bauton habe zu schulden kommen lassen und warf demselben vor, in geheimem Einverständnisse mit den Barbaren zu stehen. Wieder griff Justina zu dem Mittel, den noch eben von ihr befehdeten Ambrosius als Vertreter ihres Sohnes nach Trier zu senden. Dieser, der Maximus durchschaute und sich durch den an den Tag gelegten religiösen Eifer nicht täuschen ließ, übernahm die Mission und begab sich zu Ende des Jahres 386 an das Hoflager. Diesmal aber scheiterten die Verhandlungen, noch ehe sie recht begonnen hatten, und Ambrosius mußte froh sein, ungefährdet nach Hause zurückzukehren. Die Partei der Kaiserin versäumte nicht, den Mißerfolg auf das herrische Auftreten des Bischofs zurückzuführen. Ein zweiter Botschafter wurde abgesandt in der Person eines älteren Offiziers, des Syrers Dominus. Aber Maximus übertraf den Orientalen an Schlauheit. Er wußte ihn mit Friedensbeteuerungen hin-

Abb. 27 · Grabmal der h. Monika in der Kirche S. Agostino in Rom

zuhalten, bis seine Rüstungen vollendet waren, ja, es gelang ihm, denselben zu bestimmen, eine seiner besten Legionen, die er angeblich Valentinian zu Hülfe gegen eine von den aufständischen Panoniern drohende Gefahr schickte, über die Alpen zu führen. Das Unglaubliche geschah, Domninus geleitete die feindlichen Truppen durch die besetzten Pässe, und als unmittelbar darauf Maximus mit seiner Heeresmacht folgte, leisteten die überraschten und verwirrten Besatzungen keinen Widerstand. Im Herbst 387 stand er vor Mailand. In wilder Eile flüchtete der kaiserliche Hof nach Aquileja. Auch dort glaubte sich die Kaiserin mit den ihrigen nicht sicher, in einem kleinen dalmatischen Hafen ging sie zu Schiffe und begab sich nach Thessalonich unter den Schutz des Theodosius.

Die Stellung des oströmischen Kaisers war jetzt eine viel festere, als vor vier Jahren. Maßvoll, ausdauernd und von staatsmännischer Einsicht geleitet, vermochte er binnen kurzem die Wunden zu heilen, welche die Niederlage von Adrianopel dem Reiche geschlagen hatte. Kein Feind bedrohte zur Zeit seine Grenzen. Auf dem religiösen Gebiete war Theodosius bemüht, die Einheit der Kirche zu stützen und zu befestigen. Ueberzeugter Katholik, erließ er eine Reihe von Gesetzen gegen die Häresien und war mit Erfolg bestrebt, die Eintracht unter den Bischöfen zu erhalten. An dem günstigen Verlauf des Konzils von Konstantinopel im Jahre 381 hatte er hervorragenden Anteil. Im Bewußtsein seiner Stärke konnte er zu rechter Zeit Milde walten lassen wie im Februar 385, als in Antiochien wegen einer neuen Steuerauflage ein furchtbarer Aufstand ausgebrochen war und der Kaiser sich begnügt hatte, nur die am stärksten belasteten zu strafen, während er die übrigen begnadigte.

Theodosius empfing die Flüchtlinge mit allen kaiserlichen Ehren und versprach seine Hülfe, verlangte jedoch von Valentinian II., daß er dem Arianismus entsage, wozu der fünfzehnjährige Knabe sich ohne Schwierigkeit entschloß. Seine Gattin Flakzilla war im Jahre 385 gestorben. Um die Verbindung mit der kaiserlichen Familie noch enger zu knüpfen, vermählte er sich jetzt mit Valentinians schöner Schwester Galla. Die religiöse Frage war aus dem Kampfe ausgeschaltet. Maximus konnte nicht mehr als Rächer der Orthodoxie auftreten. Er warf die Maske vollends ab, als er die von Theodosius geforderte Herausgabe Italiens verweigerte. Aber auch auf dem Schlachtfelde erwies der letztere sich ihm überlegen. Maximus, der durch die julischen Alpen vorgerückt war, wurde in zwei aufeinander folgenden Schlachten an der Sawe völlig geschlagen, sein Heer vernichtet. Er selbst floh nach Aquileja, aber fränkische Krieger unter der Führung Arbogasts folgten ihm, erzwangen den Eingang in die Stadt und nahmen den Usurpator gefangen. Vor Theodosius gebracht, wurde er drei Meilen vor Aquileja von den Soldaten niedergehauen, am 27. Juli oder 28. August 388. Eine kaiserliche Flotte brachte Valentinian II. mit seiner Mutter nach Rom, wo sie jubelnd empfangen wurden. Theodosius übertrug ihm formell wieder die Herrschaft über das Abendland, thatsächlich aber war er Oberherr des ganzen Reichs. Eine Zeit lang verweilte er in Italien, auch in Rom, wo er im Juni 389 eintraf. Im Verein mit Valentinian legte er damals den Grundstein zu einem glänzenden Neubau der Basilika des hl. Paulus außerhalb der Stadtmauern.

Augustinus war, wie er in einer seiner Schriften angibt, nach der Niederlage des Maximus nach Afrika zurückgekehrt, sein Aufenthalt in Rom mag danach etwa dreiviertel Jahre gedauert haben. Man kann sich denken, daß er die Stadt jetzt mit ganz anderen Augen angesehen hatte, als vor vier Jahren, daß er in andern Kreisen verkehrte und andern Eindrücken nachging. Der Umwandlungsprozeß, der eine christliche Metropole an der Stelle der heidnischen entstehen ließ, konnte ihm nicht entgehen. Wohl standen die alten Tempel noch neben den Palästen der Kaiser und den prunkvollen Thermen, aber die Opfer hatten aufgehört, und überall erhoben sich über den Gräbern der Martyrer und den Stätten frommer Erinnerung christliche Gotteshäuser. Gebäude, zu profanen Zwecken errichtet, waren in christliche Kirchen verwandelt;

vornehme Bürger, reiche Patrizierinnen richteten ihre Wohnhäuser für die Aufnahme der Pilger und die Pflege der Kranken ein. Näheres über Augustins damalige Lebensweise ist nicht bekannt, nur über seine schriftstellerische Thätigkeit berichtet er selbst. Der in Rom niedergeschriebene Dialog über die Quantität der Seele trägt in seiner Abhängigkeit von Plotin noch den gleichen Karakter, wie die in Cassiziakum und Mailand abgefaßten Dialoge. Andrer Art sind die beiden Abhandlungen, mit denen er die Reihe seiner gegen die Manichäer gerichteten Streitschriften begann.

Je länger und je eifriger er früher selbst ihrer Genossenschaft angehört hatte, bestrebt, derselben auch seine Freunde zuzuführen, je genauer ihm Lehre und Lebensweise ihrer Anhänger bekannt geworden waren, desto mehr mußte es ihm jetzt, wo er in der katholischen Kirche den Hort der Wahrheit und des frommen Lebens erkannt hatte, am Herzen liegen, auch anderen die Augen zu öffnen. Auf zwei Punkte richtete er dabei vor allem sein Augenmerk, da er an sich selber ihre werbende Kraft erfahren hatte: die auf Unverstand und Mißdeutung beruhende Kritik des Alten Testaments und den heuchlerisch zur Schau getragenen Schein asketischen Lebens. Im Gegensatze hierzu will er Lehre und Praxis der katholischen Kirche zur Darstellung bringen. Die beiden Bücher von den Sitten der katholischen Kirche und von den Sitten der Manichäer, welche er in Rom entwarf, hat er unzweideutigen Anzeichen zufolge nachmals in Afrika einer Ueberarbeitung unterzogen. Wenn er sagt, er habe es nicht schweigend mit ansehen können, wie die Manichäer sich mit ihrer falschen Enthaltsamkeit brüsteten und damit Unerfahrene in ihre Schlingen lockten, so konnte ihm möglicherweise, was er jetzt in Rom bei seinen früheren Freunden wahrnahm, den besonderen Anlaß gegeben haben. Außerdem begann er das in Gesprächsform abgefaßte Werk über den freien Willen, welches er indessen erst mehrere Jahre später vollendete.

Abb. 28
San Giovanni e Paolo in Rom, an der Stelle und mit Benützung eines Patrizierhauses im Anfang des 5. Jahrhunderts errichtet

‚Ein andrer ging ich, ein andrer kehrte ich zurück‘, dieses bei späterer Gelegenheit von ihm ausgesprochene Wort mag ihm vorgeschwebt haben, als er im Spätsommer oder Herbst 388 wieder in Karthago ans Land stieg. Nach kurzem Aufenthalte daselbst begab er sich nach

Thagaste. Dort verkaufte er, was ihm an väterlichem Erbe zugefallen war, und gab den Erlös den Armen. Nur das Recht der Wohnung scheint er sich vorbehalten zu haben. Mit den Gefährten führte er nun dort ein gemeinsames Leben, wie er es seit Jahren angestrebt und in Cassiziakum auch bereits begonnen hatte. Keiner sollte etwas für sich besitzen, sondern wie in der apostolischen Gemeinde zu Jerusalem sollte allen alles gemeinsam sein. Der Tag wurde mit Beten und frommen Uebungen, mit geistlicher Lesung und wissenschaftlicher Bethätigung zugebracht. Augustin vollendete das in Mailand begonnene Werk über die Musik, welches in den fünf ersten Büchern sehr eingehend vom Rythmus handelt; im sechsten — man glaubt Plato zu hören — soll der Leser von den veränderlichen Zahlen zu den unveränderlichen, in der unvergänglichen Wahrheit eingeschlossenen stufenweise emporgeleitet werden. Er selbst hat später das Werk dunkel und schwer verständlich genannt. Vorher noch hatte er eine Auslegung des Buches Genesis begonnen, welche als Widerlegung der manichäischen Irrtümer gedacht war. Die Auslegung ist durchweg die allegorische, wie sie von den griechischen Vätern aufgebracht und Augustin durch Vermittlung des Ambrosius bekannt geworden war. Daß er sich ihrer ausschließlich bediente, geschah seiner eigenen Angabe zufolge, weil zu einer an dem Wortsinne festhaltenden Erklärung seine Kenntnisse einstweilen nicht ausreichten. In die gleiche Zeit fällt die Abfassung des Dialogs über ‚den Lehrmeister‘, worin gezeigt wird, daß es in Wahrheit nur einen einzigen für den Menschen gibt, nämlich Gott. Es ist ein Zwiegespräch zwischen Augustinus und seinem Sohne Adeodatus, und der erstere bezeugt ausdrücklich, daß die dem sechszehnjährigen in den Mund gelegten Worte nur dessen eigene Gedanken wiedergeben. Nicht lange danach scheint der frühreife Jüngling, dessen ungewöhnliche Begabung für Augustin nicht selten ein Gegenstand des Schreckens gewesen war, gestorben zu sein.

Das bedeutendste Werk aber aus jener Zeit ist das Buch ‚Ueber die wahre Religion‘. Man ersieht aus demselben, wie völlig der Verfasser sich schon damals, trotz gegenteiligen Versicherungen, in die katholische Theologie eingelebt hatte und mit welcher Sicherheit er den Geist der christlichen Lehre, der ihn ganz und gar erfüllte, auseinanderzulegen imstande war. Auch den brieflichen Verkehr mit dem Freunde Nebridius setzte er fort. Die Briefe, welche er an diesen gerichtet hat, sind ein wichtiges Denkmal seiner Lebensweise und seiner Gedankenrichtung. Noch übt der Platonismus seinen starken Einfluß auf ihn aus, aber schon steht das theologische Interesse deutlich im Vordergrunde. Nebridius war nicht mit nach Cassiziakum gegangen und früher als Augustinus nach Afrika zurückgekehrt, wo er mit seiner Familie in der Nähe von Karthago wohnte. Auch er war ein gläubiger Christ geworden und hatte die Seinigen zu gleicher Sinnesweise bekehrt, starb aber schon wenige Jahre danach.

Das stille Leben in Thagaste dauerte nicht ganz drei Jahre. So ernst es Augustinus damit war, in völliger Loslösung von allen weltlichen Bestrebungen nur Gott zu dienen — hatte er doch daran gedacht, sich nach dem Muster der orientalischen Anachoreten in die Einsamkeit zurückzuziehen —, so konnte er doch nicht hindern, daß der Ruf seiner Frömmigkeit, seines strengen Wandels und seiner Gelehrsamkeit sich rasch verbreitete. Zudem war er ja schon vorher keine unbekannte Persönlichkeit gewesen, sondern ein angesehener Lehrer der Rhetorik, auf den ohne Zweifel die Bevölkerung seiner Vaterstadt mit Stolz hingeblickt hatte. So mußte er fürchten, über kurz oder lang seiner Verborgenheit entrissen zu werden und vermied es daher, einen Ort zu betreten, wo gerade kein Bischof war, in der Besorgnis, daß man ihn dazu ausersehen könne. Im Jahre 391 bat ihn ein kaiserlicher Beamter, nach dem westlich von Karthago hoch über dem Meere gelegenen Hippo, dem heutigen Bona, zu kommen. Ein gläubiger Christ, aber schwankend in seinen Entschließungen, hoffte derselbe durch den Verkehr mit Augustin zur Entscheidung darüber zu gelangen, ob er der Welt entsagen und sich gänzlich einem

Leben der Frömmigkeit widmen solle. Da in Hippo der fromme und angesehene Valerius Bischof war, hatte Augustinus keinen Grund, die Stadt zu meiden, und willfahrte der Bitte. Er wußte nicht, daß Valerius den Wunsch hegte, sich einen Gehilfen in der Fürsorge für seine Diözesanen zuzugesellen. Unbefangen kam er zur Kirche und mischte sich unter die Gläubigen, aber auch dorthin war sein Ruf schon gedrungen, und als nun Valerius vor dem Volke davon sprach, daß es notwendig sei, einen Priester zu weihen und anzustellen, richteten sich aller Augen sofort auf ihn. Man führte den Widerstrebenden vor den Bischof und verlangte laut, daß er ihm die Hände auflegen möge. Sein Weigern, seine Bitten und Thränen halfen ihm nichts, Valerius, der ohne Zweifel den Wunsch des Volkes teilte, kam demselben nach. Augustinus war jetzt Priester in Hippo, er hatte das vierzigste Jahr noch nicht vollendet.

Abb 29 · Pinturicchio, der h. Augustinus
Perugia, Pinakothek

Die Kirche von Afrika · Augustinus als Lehrer und Verteidiger des katholischen Dogmas

Seit Diokletian zerfiel das römische Afrika in sechs Provinzen, das alte prokonsularische Afrika mit der Hauptstadt Karthago, Numidien mit Zirta, dem späteren Constantine, Byzazium mit der Hauptstadt Hadrumetum, Tripolis und das in zwei Teile zerlegte Mauretanien mit den beiden Hauptstädten Sitifis und Zäsarea (Cherchel). An die bürgerliche hatte sich die kirchliche Einteilung angeschlossen, es gab ebensoviele Kirchenprovinzen mit einem Primas an der Spitze, aber nur der von Karthago hatte wirkliche Bedeutung. Hier war die Würde an den Bischofssitz geknüpft, dem es einen besonderen Glanz verlieh, daß von Karthago aus, wohin es durch Sendboten des römischen Bischofs gebracht worden war, das Christentum sich in Afrika verbreitet hatte, und dessen Ansehen neuerdings wachsen mußte, als ein Mann wie der h. Cyprian ihn einnahm. Zudem war Karthago bei weitem die größte und verkehrreichste und trotz der erwähnten Einteilung auch politisch die erste Stadt Nordafrikas. Auf den Umfang der christlichen Bevölkerung läßt sich aus der Zahl der Kirchen schließen, die zum Teil noch in ihren Trümmern erkennbar sind. Von einundzwanzig sind die Namen überliefert. In den übrigen Provinzen bekleidete jeweils der älteste Bischof die Stelle des Primas, in Wahrheit aber war der Bischof von Karthago der Primas der afrikanischen Kirche, er berief die übrigen zum Generalkonzil, das in der Regel in Karthago, manchmal aber auch in einer anderen Stadt abgehalten wurde.

Auffallend ist die große Zahl der afrikanischen Bischöfe; in keinem anderen Teile des römischen Reichs zeigt sich etwas Aehnliches. Zur Zeit Augustins gab es deren fünfhundert. Man fand sie nicht nur in den Städten, sondern auch auf den Dörfern und den großen Gutsbezirken. Die große Dichtigkeit der Bevölkerung, von der früher die Rede war, kann diese Erscheinung allein nicht erklären, offenbar wirkte ein weitgetriebener Munizipalgeist mit ein. Jedes noch so kleine Gemeinwesen wollte seinen eigenen Bischof haben. Ein Vorteil für die Sache der Kirche war dies sicherlich nicht; es konnte nicht ausbleiben, daß sich unter den vielen auch minderwertige Elemente befanden. Dagegen war, abgesehen von Karthago, die Zahl der Priester verhältnismäßig gering. Begreiflich genug, wo alle nach den ersten Stellen drängen, pflegen der Bewerber um die zweiten und dritten weniger zu sein, zudem fehlte es an einer geordneten Vorbereitung auf die priesterliche Thätigkeit. Auch die Beteiligung des Volks an der Wahl war keineswegs die segensreiche Einrichtung, die manche darin erblicken möchten. Nicht immer waren es, wie bei Augustin, die persönlichen Vorzüge des Erkorenen, seine Frömmigkeit und Bildung, was den Ausschlag gab. Als im Jahr 409 der als reich und wohlthätig bekannte Römer Pinianus nach Hippo kam, um Augustinus zu sehen, verlangte das Volk, daß ihn dieser gegen seine Neigung zum Priester weihen solle, und nahm sogar, als seinem Verlangen nicht sogleich entsprochen wurde, in der Kirche eine drohende Haltung ein. Pinianus rettete sich und die übrigen nur dadurch aus der peinlichen Lage, daß er mit einem Eide versprach, auch ohne Priester geworden zu sein, Hippo einstweilen nicht zu verlassen. Die apostolischen Zeiten waren längst vorüber. Wohl hatte die afrikanische Kirche die grausamen Verfolgungen siegreich bestanden, eine große Zahl von Blutzeugen war aus ihr hervorgegangen, wohl hatte sie schon vor Augustin Männer hervorgebracht, die mit der Kraft ihres Geistes und der Gewalt des Wortes für sie eingetreten waren — es genügt an Tertullian zu erinnern —, aber die breiten Massen der vielfältig gemischten Bevölkerung waren doch mehr äußerlich vom Christentume berührt, als innerlich durch dasselbe umgestaltet.

Als Augustinus nach Hippo übersiedelte, änderte er in seiner bisherigen Lebensweise nichts. Auch jetzt waren die Freunde ihm gefolgt; in einem Garten, den der Bischof Valerius ihm dazu angewiesen hatte, richtete er sich mit Evodius und Alypius ein; mit der Zeit kamen noch andere hinzu, so Possidius, sein späterer Biograph. Aus der auf diese Weise entstandenen Gemeinschaft ernster und unterrichteter Männer gingen zahlreiche Bischöfe hervor, Possidius zählt deren zehn auf, die alsbald in ihren Sprengeln die gleiche Einrichtung einführten. So ist Augustinus, wenn auch wohl nicht der erste Begründer, so doch der erfolgreichste Beförderer des Klosterlebens in Afrika geworden. Zeitlebens hat er demselben sein Augenmerk zugewendet, daß ihm dabei auch üble Erfahrungen nicht erspart blieben, ist bei der sich in allen Jahrhunderten gleich bleibenden Schwäche der Menschennatur nicht zu verwundern. In der Leitung derer, die seiner Fürsorge anvertraut waren, oder seinen Rat begehrten, zeigte er sich, bei aller Hoheit der Auffassung, klug, mild und großherzig. Bei den von ihm selbst gestifteten Klöstern — es ist überflüssig darüber zu streiten, ob ihnen dieser Name im eigentlichen Sinne zukommt oder nicht — dachte er unzweifelhaft an eine kleine Zahl von Auserlesenen.

Das Studium, wenn auch in erster Linie auf die h. Schrift gerichtet, bildete einen Hauptgegenstand der Beschäftigung. Demnächst kam dann noch der besondere Zweck hinzu, fromme und unterrichtete Priester heranzubilden. Daneben gab es nun aber andere und von anderen Seiten her angeregte Klöster. Mönche von der italienischen Insel Capraja kamen im Jahre 398 nach Afrika und scheinen dort bald zahlreiche Genossen gefunden zu haben. Auch ist kaum anzunehmen, daß der Orient, speziell Aegypten, ganz ohne Einfluß gewesen sein sollte. Man kann von vornherein annehmen, daß die verschiedenen klösterlichen Gemeinschaften sich aus recht verschiedenen Elementen zusammensetzten, und daß sowohl das Lebensideal, welches sie sich vorgezeichnet hatten, als die Mittel, durch welche sie demselben nachzukommen sich bestrebten, sehr verschieden gegriffen waren. Auch blieb der Streit darüber nicht aus, wo und von wem das Richtige gefunden sei. Die einen beriefen sich auf das Vorbild des Apostels Paulus und verschmähten nicht, ihren Lebensunterhalt mit ihrer Hände Arbeit zu erwerben, andere hielten sich an das Gleichnis von den Vögeln des Himmels, die nicht säen und nicht ernten, und zogen vor, von milden Gaben zu leben. Daß es an jener Stelle bei Matthäus weiter heißt: sie sammeln nicht in die Scheunen, übersahen diese nur zu gerne und wollten, wie Augustinus bemerkt, ‚bei müßigen Händen volle Scheunen haben'. Schlimmer war, daß das Beispiel frommen, von der Gunst der Gläubigen getragenen Müßiggangs Mönche aufkommen ließ, die unstet von Ort zu Ort schweiften und, indem sie die Verehrung ausnützten, welche das christliche Volk ihrem Gewande entgegenbrachte, durch allerlei unlautere Mittel sich Geld zu verschaffen suchten. Und auch wo es sich nicht um einen förmlichen Mißbrauch des Heiligen handelte, stritt man über Aeußerlichkeiten und hielt wohl das verwilderte Haar und den ungeschorenen Bart für ein Zeichen gesteigerter Frömmigkeit. Aus diesen Verhältnissen heraus erwuchs die kleine Schrift ‚von der Arbeit der Mönche', zu deren Abfassung um das Jahr 402 Augustin durch Aurelius, den Bischof von Karthago, veranlaßt wurde.

Im Mittelalter kannte man neben anderen Ordensregeln auch eine solche des hl. Augustinus. Was als solche galt, ist ein Auszug aus einem Briefe vom Jahre 423 an Klosterfrauen, die wegen der Wahl ihrer Oberin in Uneinigkeit geraten waren. Der erste Teil desselben ermahnte zur Eintracht, der zweite enthält eine Reihe vortrefflicher Vorschriften, aus denen später eben jene, einundzwanzig Punkte enthaltende Augustinerregel wurde. Wenn der große Kirchenvater von den religiösen Orden bis auf die Gegenwart als einer ihrer ersten Lehrer und Vorbilder verehrt wird, so verdient er dies weit mehr wegen seiner gesamten geschichtlichen Wirksamkeit als wegen dieser dürftigen Formeln.

Als der Bischof Valerius sich nach einem Gehilfen umsah, hatte er dazu eine besondere Veranlassung. Er war Grieche von Geburt und der lateinischen Sprache nicht hinreichend mächtig, um mit Erfolg vor dem Volke zu predigen. Hierin sollte ihn Augustinus vertreten, der dazu wie kein anderer geeignet war. Aber daß er ihm dieses Amt übertrug, war eine Neuerung. Bisher hatte die kirchliche Predigt als Ehrenpflicht und als das ausschließliche Vorrecht der Bischöfe gegolten, für dessen Aufrechterhaltung ebenso sehr die Ueberlieferung wie der Mangel an ausreichend geschulten Predigern sprechen mußte. Der Gebrauch bestand nicht in Afrika allein, begegnete aber dem scharfen Tadel des Hieronymus, der in dem angeblichen Vorrecht den Ausfluß des Neides und der Eigenliebe erblicken wollte. Daß auch derartige Motive gelegentlich im Spiele waren, mag man aus den Worten Augustins entnehmen, welcher wiederholt hervorhebt, wie ihn Valerius frei von Eifersucht seines Amtes habe walten lassen. Die Neuerung, zuerst von einzelnen getadelt, fand bald Nachahmung. Auch andere Bischöfe ließen in ihrer Anwesenheit Priester das Wort ergreifen. Augustin selbst hielt es nicht anders, nachdem er des Valerius Nachfolger geworden war.

Ein Feld umfassendster Wirksamkeit hatte sich ihm eröffnet. Was er als

Priester begann, setzte er als Bischof in noch reicherem Maße fort. Manchmal predigte er mehrere Tage hintereinander, manchmal zweimal des Tags. Von den erhaltenen Predigten lassen einzelne erkennen, daß sie nach sorgfältiger Vorbereitung gehalten wurden, viel öfter wird er aus dem Stegreif gesprochen haben, wie es Ort und Gelegenheit forderten. Sicherlich besaß er, was man das Charisma des auserwählten Redners nennen könnte, daß es nämlich eine Freude ist, ihm zuzuhören.

zu fließen begannen. Ueber die Grundsätze, die den Prediger leiten sollen, hat er sich in der 397 begonnenen, aber erst viel später vollendeten Schrift ‚über die christliche Wissenschaft' ausgesprochen. Das wichtigste ist ihm, daß man die Sache, nicht die Worte suchen soll. ‚Was nützt ein goldner Schlüssel, der die Riegel nicht hebt? Besser ein hölzerner, wenn er aufschließt!' Ein weiterer ist, daß man sich der Fassungskraft der Zuhörer anpassen soll. Lieber will er gegen eine Regel der Grammatiker verstoßen, als von den Zuhörern nicht

Abb. 30 · Trümmer einer christlichen Basilika in Karthago

Von den Bewohnern Hippos gilt ohne Zweifel, was zuvor von den Afrikanern überhaupt gesagt wurde. Es mögen viele halbe Christen darunter gewesen sein, aber zu Augustins Predigten kamen sie; es wurde ihnen niemals zuviel, im Gegenteile, sie drängten ihn, wenn er einmal eine längere Pause hatte eintreten lassen. Mit gespanntester Aufmerksamkeit folgten sie seinen Ausführungen, ließen erkennen, ob sie ihn verstanden hatten und unterbrachen ihn oftmals durch lauten Beifall. In besonders wichtigen Fällen aber genügte ihm das nicht, er drang mit seinen Worten solange auf sie ein, bis ihre Thränen

verstanden werden. Trotzdem verschmäht er nicht jede Kunst der Rede, wo ihre Mittel geeignet sind, die Herzen zu ergreifen, und vermeidet stets alles Triviale in Vortrag und Ausdrucksweise. Ihm selbst genügten seine Predigten fast nie, wie er in einer drei Jahre später verfaßten Schrift klagt, der man den Titel geben könnte ‚vom ersten Religionsunterricht'. „Ich trachte", sagt er hier, „nach einem Besseren, und in meinem Innern ist es mir oftmals gegenwärtig, bevor ich anfange, es in lauten Worten auseinander zu legen. Wenn ich das nicht so vermag, wie ich selbst es erkenne, so empfinde ich Schmerz darüber, daß meine Zunge dem Herzen nicht genügen kann. Denn das Ganze, so wie ich es selbst verstehe, möchte ich auch von meinen Zuhörern verstanden wissen, ich fühle aber, daß meine Rede dies nicht zu bewirken vermag. Hauptsächlich darum nicht, weil jenes Verständnis wie in einem schnellen Blitze meine Seele durchzuckt, die Rede aber träge und langwierig und weit davon verschieden ist. Und während ich noch mit ihr mich abmühe,

zum Vorsteher einer anderen Diözese berufen. Um der Gefahr zu entgehen, hielt er ihn, wie berichtet wird, eine Zeitlang verborgen. Nicht lange danach gelang es Augustin durch seine Predigt in Hippo einen Mißbrauch zu beseitigen, der ihm schon längst zum Anstoße gereicht hatte. In der afrikanischen Kirche war es herkömmlich, die Gedächtnistage der Martyrer mit förmlichen Schmausereien und Trinkgelagen in der Kirche zu begehen.

Abb. 31 · Aquädukt bei Karthago

ist jenes wieder in der Verborgenheit verschwunden."

Im Herbst 393 wurde in Hippo ein Generalkonzil der afrikanischen Bischöfe abgehalten. Vor zwei Jahren war die Neuerung des Valerius noch auf Tadel gestoßen, jetzt erhielt der Presbyter Augustin den Auftrag, vor den versammelten Bischöfen „über Glaube und Symbolum' zu reden. Das Ansehen, das er sich binnen kurzem erworben hatte, war so groß, daß Valerius fürchtete, man könne ihm seinen Schatz rauben und Augustin

In die an sich schon schlimme Unordnung hatten sich abergläubische Vorstellungen eingemischt, und schon vor einiger Zeit hatte er sich an Aurelius, den Bischof von Karthago, gewandt, damit dieser mit allen Mitteln dagegen eintreten möge. Welches der Erfolg der von dem Primas unternommenen Maßregeln war, steht nicht fest, dagegen brachte Augustin, wenn auch mit großer Anstrengung und unter Einsetzung seiner ganzen Persönlichkeit, die Bewohner von Hippo dahin, dem Treiben für die Zukunft zu entsagen.

Von Anfang an war es des Valerius Wunsch, daß aus dem Gehilfen sein Nachfolger werden möge. Um die Verwirklichung desselben zu sichern, griff er jetzt zu einer ungewöhnlichen Maßregel. Im Jahr 395 schrieb er im geheimen an Aurelius und schlug vor, Augustin bei seinen Lebzeiten zum Mitbischof zu wählen und zu weihen. Aurelius stimmte zu, dagegen erhob der numidische Primas, Megalius von Kalama, Einsprache, wie es scheint, aus persönlichen Gründen und infolge einer zu seinen Ohren gekommenen unwahren Beschuldigung. Doch drang er damit bei den übrigen Bischöfen nicht durch, das Volk von Hippo nahm den Vorschlag mit Jubel auf und verlangte dessen Ausführung. Augustin hatte Bedenken gegen die Zulässigkeit des Verfahrens, doch wußte man ihm ähnliche Fälle aufzuweisen, wo gleichfalls Bischöfe sich ihre Nachfolger bestellt hatten, so daß er sich nicht länger weigerte und die Konsekration durch eben jenen Megalius vorgenommen wurde. Später erst kam die Bestimmung des Konzils von Nizäa zu seiner Kenntnis, wonach es untersagt war, in einer Diözese einen zweiten Bischof zu ernennen. Auch Valerius war dieselbe unbekannt geblieben. Auf Augustins Betreiben wurde beschlossen, daß in Zukunft jedem Bischof vor seiner Weihe die Kanones der Konzilien vorgelesen werden sollten.

So war, wie Paulinus von Nola schrieb, auf ungewöhnlichem Wege dem Episkopat neuer Glanz verliehen worden.

Mit diesem merkwürdigen Manne war Augustin vor kurzem durch seinen Freund Alypius in Beziehung getreten. Geboren im Jahre 353 in Bordigala (Bordeaux) war Paulinus dort durch die Schule des berühmten Ausonius gegangen und wie dieser ein angesehener Rhetor und ein wortgewandter Dichter geworden. Die vornehme Familie, der er angehörte, sein Reichtum und seine gesteigerte Bildung sicherten ihm eine glänzende Zukunft, als er plötzlich den Entschluß faßte, der Welt zu entsagen. Christ scheint er schon immer gewesen zu sein, jetzt verkaufte er seine Güter, gab den Erlös den Armen und zog sich mit seiner Gattin Therasia zuerst nach Spanien, dann nach Unteritalien zurück, wo er sich in Nola, beim Grabe des hl. Martyrers Felix, eine bescheidene Wohnung erbaute und mit einigen Gefährten ein strenges Leben führte. Der Vorgang machte großes Aufsehen, er fand den bewundernden Beifall eines Ambrosius und Hieronymus, aber es fehlte auch nicht an Stimmen, welche die Meinung aussprachen, Männer wie Paulinus würden der Menschheit bessere Dienste leisten, wenn sie sich nicht von der wachsenden Verderbnis der Zeit in die Einsamkeit treiben ließen, sondern, in der Welt lebend, in Gesinnung und That sich dieser Verderbnis entgegenstemmten. Aber Paulinus war seiner ganzen Anlage nach ein Mann des beschaulichen Lebens, mehr zur Resignation als zum Kampfe geschickt. In seinem Briefwechsel mit hervorragenden Persönlichkeiten — er selbst schreibt, die seinen jederzeit zugleich im Namen der Therasia — spiegelt sich das gesteigerte religiöse Bewußtsein der Zeit. Seine poetischen Werke verarbeiten biblische Stoffe oder preisen unermüdlich den hl. Felix, der sich, wie es scheint, einer besonderen Popularität erfreute und zu dessen Grab ununterbrochen Pilger wallfahrteten. Auch damals hatten Gleichgesinnte das Bedürfnis, miteinander in Verbindung zu treten, und es war nichts Ungewöhnliches, Briefe an Männer zu richten, mit denen man nicht persönlich bekannt war. So hatte Alypius, der seit einiger Zeit Bischof in seiner Vaterstadt Thagaste war, an Paulinus geschrieben und dabei seiner Liebe und Bewunderung für Augustinus Ausdruck gegeben, auch mehrere Schriften des letzteren beigefügt. Dies war für Paulinus der Anlaß, nicht nur Alypius zu danken, sondern nun auch seinerseits an Augustinus zu schreiben. Rasch entspann sich zwischen beiden Männern ein Verhältnis inniger Freundschaft, von welchem die erhaltenen Briefe Zeugnis ablegen. Wiederholt spricht Augustin das Verlangen nach einer persönlichen Begegnung aus und beklagt die weite Entfernung, die ihm bei seiner schwachen Gesundheit und seinen vielfachen Beschäftigungen eine solche unmöglich mache.

In der That pflegte er seinen Bischofssitz nur selten und aus dringenden Gründen zu verlassen, so, wenn er sich zu den in Karthago und anderswo abgehaltenen Konzilien begab. Er selbst berichtet, wie eifersüchtig die Bewohner von Hippo seine Schritte bewachten und wie ungern sie seine Abwesenheit ertrugen. In späteren Jahren, als er das weithin strahlende Licht der Kirche von Afrika geworden war und doch zugleich seine Diözesanen auf Grund langer Erfahrung wußten, daß er jederzeit ihnen seine erste Sorge widmete, scheinen sie ihm größere Freiheit gelassen zu haben. Jetzt predigte er häufig auch an anderen Orten und war in kirchlichen Geschäften manchmal längere Zeit abwesend.

Valerius scheint noch im selben Jahre, 395, gestorben zu sein. Augustin führte, auch nachdem er die bischöfliche Wohnung bezogen hatte, die frühere klösterliche Lebensweise fort, nur daß seine Genossen jetzt sämtlich Kleriker und für den Dienst der Kirche bestimmt waren. Er verlangte von seinen Priestern, daß sie sich unter Aufgabe jeden Sondereigentums diesem gemeinsamen Leben anschlössen und für immer dabei beharrten. Ihm selbst brachte das neue Amt eine neue zeitraubende Beschäftigung. Den Bischöfen lag nicht nur die Fürsorge ob für das Seelenheil der Gläubigen, diese pflegten vielmehr ihre Hülfe und ihren Rat in allen möglichen weltlichen Geschäften anzurufen. Die Mahnung des Apostels, Streitigkeiten mit den Brüdern nicht vor den heidnischen Richter zu bringen, und sein Wort: ‚ist denn kein Verständiger unter euch, der dieselben zu entscheiden vermöchte‘? hatten frühzeitig die Christen dahin geführt, ihr Recht bei den Bischöfen zu suchen. Konstantin im vierten und Honorius zu Anfang des fünften Jahrhunderts erkannten die Gerichtsbarkeit der Bischöfe ausdrücklich an. Der Brauch, der einem religiösen Bedenken entsprungen war und die freiwillige Unterwerfung der Beteiligten unter den Schiedsspruch des Bischofs zur Voraussetzung hatte, wurde zu einer gesetzlichen Institution. Schritt für Schritt gewann die Kirche durch ihre moralische Macht den Vorrang vor den staatlichen Autoritäten, hinter denen kein großer belebender Gedanke, kein konsequenter, mit überallhin reichender Macht ausgestatteter Wille mehr stand. Aber den Bischöfen erwuchs daraus eine große Last. Possidius berichtet von Augustin, daß er ganze Tage damit zugebracht habe, die Angelegenheiten der streitenden Parteien zu schlichten. Er selbst klagt, daß die Unruhe der weltlichen Geschäfte verwirrend in seine Gebete eindringe, und bekennt, daß er vorziehen würde, gleich den Mönchen durch die Arbeit seiner Hände sich zu ernähren und dabei die nötigen Augenblicke für Gebet und Studium zu erübrigen. Er machte den Versuch, zwei Tage der Woche ausschließlich für diese Thätigkeit zu bestimmen, aber nur kurze Zeit hielt man sich an die Einrichtung. Vier Jahre vor seinem Tode übertrug er die Last jüngeren Schultern.

Aber es sind nicht die Berufsarbeiten seiner kleinen Diözese, es ist auch nicht das Eintreten für diese oder jene Seite der kirchlichen Disziplin, sondern die Ausbildung und Verteidigung der Kirchenlehre, worauf Augustins weltgeschichtliche Bedeutung beruht.

Die manichäische Irrlehre zu widerlegen, hatte er alsbald nach seiner Bekehrung als eine ihm zugefallene Aufgabe erkannt und schon in mehreren Schriften damit begonnen. In Hippo damit fortzufahren, war er um so mehr veranlaßt, als dort eine nicht unbeträchtliche Gemeinde sich um den Manichäer Fortunatus geschart hatte. Schon gleich am Anfange seines dortigen Aufenthalts richtete er ein Sendschreiben an einen seiner früheren Freunde, Honoratus, den er selbst einst der Häresie zugeführt hatte, und der ihr auch jetzt noch angehörte, getäuscht insbesondere durch den falschen Schein von Forschungsfreiheit und Wissenschaftlichkeit im Gegensatze zu dem von der Kirche geforderten Autoritätsglauben. Ihm stellte er ‚die Nützlichkeit des Glaubens‘ dar, der uns erfassen läßt, was wir zu begreifen noch nicht imstande sind. Absichtlich vermeidet er jede Gelehrsamkeit und jeden rednerischen Prunk, aber die schlichten und doch warmen, weil aus

Abb. 32 · Pinturicchio, der h. Augustinus
(Perugia, Pinakothek)

inniger Herzensüberzeugung stammenden Worte erreichten ihr Ziel. Man hat Grund zu der Annahme, daß sich Honoratus zum Christentum bekehrte. Der gleichen Zeit entstammt die Abhandlung ‚über die zwei Seelen'. Die Gründe, welche er hier gegen die manichäische Entgegensetzung einer guten, von Gott stammenden und einer bösen, den Mächten der Finsternis angehörenden Seele vorbringt, scheinen ihm so einfach und so überzeugend, daß er nur mit Schmerzen seiner eigenen früheren Verblendung gedenken

Predigten. Er ging die einzelnen Vorwürfe durch, zeigte ihre Grundlosigkeit, beseitigte das Anstößige und entwickelte, nicht zum erstenmale, aber in der erfolgreichsten Weise, die Theorie über das Verhältnis von Gesetz und Evangelium, Vorbild und Wirklichkeit, Verheißung und Erfüllung, wie sie seitdem immer von der Kirche festgehalten wurde.

Dabei ließ er es nicht bewenden. Den Manichäern mußte vor aller Augen der falsche Schein geistiger Ueberlegenheit entrissen werden. In dieser Absicht

Abb. 33 · Kapitol von Maatria

kann; er ist überzeugt, daß nur die sündige Gewohnheit ihn die Evidenz derselben nicht einsehen ließ.

Die gefährlichste Waffe, deren sich die Manichäer bedienten, waren ihre Einwürfe gegen das Alte Testament, in denen sie die Angriffe des Gnostikers Marzion aus dem zweiten Jahrhunderte wiederholten. Eifrig spürten sie Widersprüchen und anstößigen Stellen nach und suchten insbesondere einen Gegensatz zwischen dem Alten und dem Neuen Testamente hervortreten zu lassen. Was sollte der schlichte Gläubige, der ungelehrte Mann aus dem Volke dagegen vorbringen? Hier half Augustin durch seine

forderte er den schon genannten Fortunatus zu einer öffentlichen Disputation heraus. Unter gewaltigem Zulaufe fand diese im August 392 in Hippo, in den Thermen des Sossius, statt; neben den eifrigen Anhängern aus beiden Lagern drängte sich eine neugierige Menge herzu. Schreiber waren beauftragt, die gesprochenen Worte aufzuzeichnen. Augustin ging sofort auf den Grundgedanken der Irrlehre los und legte dem Gegner das Argument vor, das auf ihn seinerzeit seinen Eindruck nicht verfehlt hatte und das er seinem Freunde Nebridius zuschreibt: ist Gott unverletzlich, so konnten ihm die Mächte der Finsternis nichts anhaben und ihm keine Lichtteile rauben, die nun in der Körperwelt eingeschlossen schmachten; vermochten sie dies aber, so ist Gott nicht unverletzlich und darum nicht wirklich Gott. Fortunatus suchte Ausflüchte, brachte andere Dinge zur Sprache, und die Disputation, die sich in die Länge zog, mußte am andern Tage fortgesetzt werden. Augustinus vermied es nicht, auf die aufgeworfenen Fragen einzugehen, er stellte den Sinn von Aussprüchen des Apostels Paulus richtig, auf welche die Manichäer sich zu berufen liebten, und verbreitete sich über den Ursprung des Bösen aus dem freien Willen des vernünftigen Geschöpfs, kehrte dann aber immer wieder auf jenes erste Argument zurück. Fortunatus sah sich außer Stande, dasselbe zu widerlegen. Er erklärte, daß er darüber an die Häupter seiner religiösen Gemeinschaft berichten werde und bereit sei, wenn auch diese keine Lösung hätten, zum Christentum überzutreten. Was aus ihm geworden ist, weiß man nicht. Possidius meldet nur, daß er bald nach seiner Niederlage Hippo verlassen habe. Der üble Ausgang der Disputation, über welchen Augustinus alsbald einen aktenmäßigen Bericht veröffentlichte, versetzte der Sache der Manichäer einen um so schwereren Schlag, je größer das Ansehen des Besiegten gewesen war. Um dieselbe Zeit verfaßte er eine Abhandlung ‚Gegen Adimantus‘, einen der vornehmsten Schüler Manis, der in einem besonderen Werke die Angriffe gegen das Alte Testament zusammengestellt hatte.

Zu den heiligen Büchern der Manichäer gehörten 76 Briefe, von denen eine große Anzahl auf den Stifter selbst zurückgeführt wurde. Nicht alle hatten die gleiche Bedeutung, der wichtigste und am meisten verbreitete scheint derjenige gewesen zu sein, welchen Augustinus die ‚Epistel des Fundaments‘ nennt, eine Zusammenfassung der hauptsächlichsten Lehren, gegen welche er sich in einer Abhandlung aus dem Jahre 395 wendet. Nicht genau läßt sich das Jahr bestimmen,

Abb. 34
Christliche Lampe aus Karthago

in welchem das größte, der Polemik gegen die Manichäer gewidmete Werk entstand, das gegen Faustus von Mileve. Mit ihm war Augustinus vor seiner Abreise nach Rom in Karthago zusammengetroffen, und es ist früher erzählt worden, welchen Eindruck der gewandte, aber oberflächliche Mann auf ihn gemacht hatte. Bei den Manichäern jedoch galt er als eine Leuchte, und seine Schriften scheinen eine bedeutende Wirkung ausgeübt zu haben. Auf den Wunsch der Brüder, wie er sagt, entschloß er sich, wahrscheinlich da er schon Bischof von Hippo war, dagegen aufzutreten. In dreiunddreißig Büchern von ungleicher Länge nimmt er die Behauptungen des Faustus der Reihe nach durch, so daß wir ein vollständiges Bild von der Schriftstellerei desselben gewinnen, und läßt ihnen die Widerlegung folgen. Am längsten verweilt er bei der Verteidigung der alttestamentlichen Patriarchen, deren Leben ganz besonders die Zielscheibe für die Verunglimpfungen der Manichäer bildete.

Die letzten Kämpfe mit ihnen fallen in die Jahre 404 und 405. Ihr angesehenstes Parteihaupt war damals Felix, einer der ‚Auserwählten‘. Unter den Briefen Augustins findet sich einer mit der Aufschrift: an einen manichäischen Priester. Vielleicht war es eben dieser Felix, alsdann würde von ihm gelten, daß er zwar gerne mit einzelnen Katholiken Religionsgespräche anknüpfte, der öffentlichen Diskussion aber bisher stets aus dem Wege gegangen war, um sich keinem Mißerfolge auszusetzen. Von Augustinus herausgefordert, konnte er jedoch eine solche nicht ablehnen. Sie fand an zwei Tagen im Dezember des Jahres 404 in der Kirche zu Hippo statt und verlief wie die frühere. Felix selbst mußte sich für besiegt erklären. Bald darauf veröffentlichte Augustinus eine Schrift über die ‚Natur des Guten‘, worin er nochmals im Gegensatze zu dem manichäischen Dualismus Gott als das höchste Gut und die Quelle alles Guten erweist und den

Ursprung alles Bösen aufdeckt. Zum letztenmale setzte er sich mit der Sekte auseinander, als ein ihm persönlich unbekanntes Mitglied derselben, Sekundinus mit Namen, einen freundschaftlich gehaltenen Brief an ihn geschrieben und ihn aufgefordert hatte, anstatt sie zu bekämpfen vielmehr zu ihr zurückzukehren. Die kleine Abhandlung, die er diesem als Antwort zugehen ließ, hat er später selbst als die beste unter den hierher gehörigen Schriften bezeichnet. Von da an verschwinden die Manichäer aus der Oeffentlichkeit, um erst in einer späteren Periode in Rom wieder aufzutauchen.

Inzwischen war der Kirche von Afrika längst eine andere und weit schlimmere Gefahr erstanden. Seit bald einem Jahrhundert wurde sie durch die Donatisten in Verwirrung gesetzt. Zum Verständnis ist es nötig, etwas weiter auszugreifen.

*

Der Donatismus war seinem Ursprunge nach ein Schisma, keine Häresie. Erst nachträglich besann er sich auf einen Grundsatz, um die Spaltung theoretisch zu rechtfertigen. Dieselbe trat zu Tage, als im Jahre 311 der Diakon Zäzilian als Nachfolger des verstorbenen Mensurius zum Bischof von Karthago erwählt wurde. Ein Teil des Klerus erhob gegen die Wahl Widerspruch, siebzig numidische Bischöfe versammelten sich in Karthago, verurteilten Zäzilian, ohne ihn gehört zu haben, und erwählten statt seiner den Majorinus. In Briefen, die sie alsbald durch ganz Afrika verbreiteten, bezeichneten sie diesen als den rechtmäßigen Bischof von Karthago. Dem Vorgehen fehlte jede rechtliche Grundlage, trotzdem gelang es ihnen, sich rasch einen großen Anhang zu verschaffen. Caecilian hatte persönliche Feinde unter dem Klerus, er hatte eine überspannte Frau vornehmen Standes zurechtgewiesen, die, dadurch beleidigt, mit Hilfe ihres großen Reichtums erfolgreich gegen ihn intrigierte, aber diese Gründe reichen nicht aus, den Umfang und die lange Dauer des Schismas zu erklären. In der That brachten sie nur den Anlaß, bei welchem die vorhandenen tieferen Gegensätze offenbar wurden.

Die letzte, von Kaiser Galerius verhängte Verfolgung (303—304) hatte in Afrika eine zahlreiche christliche Bevölkerung vorgefunden, sie hatte dort Martyrer und Bekenner geschaffen, aber auch die Leidenschaften der Menge entfacht, die sich in einer übertriebenen Verehrung der Martyrer und einer Ueberschätzung des gewaltsam erlittenen Todes gefiel. Die Glorie des Martyriums erschien als ein Ziel, das man unter Anwendung aller Mittel anstreben dürfe und solle. In einem Briefe an den Bischof Sekundinus von Tigisi, den Primas von Numidien, hatte sich Mensurius hiergegen ausgesprochen, gestützt auf das Beispiel und die Lehre Cyprians. Das wurde ihm von den Fanatikern nicht vergessen, ebensowenig, daß er durch seinen Diakon, eben jenen Zäzilian, bemüht gewesen war, die aufgeregte Menge zu beruhigen, welche vor einem Gefängnisse, in welchem Christen eingekerkert waren, Straßentumulte erregt hatte.

In der Verfolgung hatte sich das Hauptaugenmerk der heidnischen Behörden darauf gerichtet, sich in den Besitz der heiligen Bücher der Christen zu setzen. Nicht wenige, darunter auch Bischöfe, lieferten sie aus, aus Furcht vor den grausamen Strafen; andere, wie Mensurius, gebrauchten die List, daß sie den nachforschenden Beamten Schriften von Häretikern aushändigten. In den Augen der extrem gesinnten machte das keinen Unterschied, ein Verfahren solcher Art wurde von ihnen gleichfalls als Verrat gebrandmarkt. Man wird endlich nicht fehlgehen mit der Vermutung, daß auch nationale Gegensätze mitspielten. Die ungeordnete Thronfolge, die wiederholten blutigen Kämpfe um den Kaiserthron, die Uneinigkeit der verschiedenen Machthaber, in welche die vormals einheitliche Spitze zerteilt worden war, alles das hatte mit der kaiserlichen Autorität auch die Achtung vor dem römischen Staate herabdrücken müssen, kein Wunder, wenn sich die unterworfenen Provinzen der eigenen Stammesart erinnerten. Karthago war die Stadt der römischen Behörden, sie stand jederzeit in regem Verkehre mit der Hauptstadt und den Stammländern des Reichs, in Numidien dagegen und zumal in dem südlichen Teile desselben mag für punischen Partikularismus oder maurischen Nationalgeist empfänglicher Boden gewesen sein. Dort, in den Städten Baghai und Thamugadi (Timgad), sind demnächst die festen Burgen des Donatismus zu suchen.

Da sie an Caecilian selbst keine Schuld zu finden vermochten, hatten die in Karthago versammelten numidischen Bischöfe behauptet, Felix von Aptunga, durch den er sich habe weihen lassen, sei einer jener Verräter gewesen, und die Weihe darum ungültig. Es war dies nur ein Vorwand, und Caecilian hatte sofort erwidert, alsdann möge man ihn neuerdings durch einen über jeden Verdacht erhabenen Bischof weihen lassen. Aber der Vorwand sprach zugleich den Grundsatz aus, um den sich von nun an die Donatisten scharten: die Wirkung des Sakraments ist abhängig von der persönlichen Würdigkeit des Spenders. Demgemäß erblickten sie die Heiligkeit der Kirche nicht in ihrem Stifter und den ihr von diesem zur Verwaltung hinterlassenen Glaubens- und Gnadenschätzen, sondern in der Heiligkeit ihrer Mitglieder. Jede Berührung mit den ihrer Meinung nach Unheiligen hielten sie für befleckend, und sie verschärften die Spaltung noch, indem sie in Konsequenz jenes Grundsatzes bei den zu ihnen übertretenden Priestern die Ordination, bei allen die Taufe wiederholten.

Jenem Grundsatze steht die harte Wirklichkeit entgegen. Wollte man mit seiner Durchführung Ernst machen, so würde er die Mission der Kirche aufheben, welche alle Völker in ihrem Schoße versammeln und sie mittels Belehrung und Gnadenspendung durch die Versuchungen des Erdenlebens zur Heiligkeit des Jenseits hinführen soll. Aber man versteht sehr wohl, daß derselbe geeignet war, den Fanatismus einer Partei zu entfachen. Indem man eine gesteigerte Vollkommenheit verlangt, glaubt man sich schon dadurch allein im Besitze derselben, und in stolzer Selbstüberhebung schließt man sich gegen die anderen ab, denen man ein schwächliches Kompromiß mit dem Geiste der Welt vorwirft.

Die Donatisten wandten sich an Kaiser Konstantin und verlangten, eine Versammlung von Bischöfen solle zwischen Majorinus und Zäzilian entscheiden. Auf Veranlassung des Kaisers berief Papst Melchiades ein Konzil nach Rom. Aus Afrika wurden von jeder der streitenden Parteien zehn Bischöfe dazu berufen, sodann fünfzehn italienische und endlich die Bischöfe Maternus von Köln, Retizius von Autun und Marinus von Arles.

Abb. 35 · Amphitheater von Thysdrus (El Dschem)

Zäzilian selbst war anwesend, die Sache der Gegenpartei vertrat Donatus, Majorins Nachfolger, ein Mann von unbestreitbaren Geistesgaben, den seine Partei durch den Beinamen des Großen auszeichnete und dadurch zugleich von einem älteren Gegner des Mensurius, Donatus von Kasänigrenses unterschied. Das Konzil trat auf die Seite Zäzilians und gab den Donatisten Unrecht. Die Frage, ob jener Felix von Aptunga in Wahrheit ein Verräter, ein Traditor, gewesen, war nicht weiter geprüft worden, hierzu fehlten den in Rom Versammelten alle Anhaltspunkte. Konstantin holte dies nach und ließ durch den Statthalter von Afrika eine genaue Untersuchung darüber anstellen. Dieselbe ergab für die Beschuldigung der Donatisten nicht die geringste Stütze. Nicht zufrieden damit brachte der Kaiser die Angelegenheit nochmals vor eine große Bischofsversammlung, welche in Arles am 1. April 314 zusammentrat. Dieselbe bestätigte die frühere Entscheidung und verurteilte die Donatisten zum zweitenmale. In ausdrücklichem Gegensatze zu diesen stellten sie den Grundsatz auf, daß auch die von einem Traditor vollzogene Ordination giltig sei.

Die Donatisten unterwarfen sich nicht. Wie den Konzilien, so trotzten sie den gegen sie ergangenen Erlassen des Kaisers, der eine Zeit lang unentschlossen hin und her schwankte, um endlich den Dingen ihren Lauf zu lassen. Um das Jahr 330 gab es in Afrika bereits über zweihundert schismatische Bischöfe, welche sich in Karthago zu einem Konzil versammelten. Was aber der Spaltung ihren unheilvollen Karakter verlieh, das war das Eindringen des sozial-revolutionären Elementes.

Von der Fruchtbarkeit Nordafrikas und dem Reichtum seiner großen Grundbesitzer ist gleich anfangs die Rede gewesen. Seit langem bildete hierzu die Lage der landbauenden Bevölkerung die schlimme Kehrseite. Im vierten Jahrhunderte waren freie Bauern so gut wie verschwunden. Die kaiserlichen Domänen und die gewaltigen Latifundien der römischen Großen hatten sie verdrängt. Hörige waren an ihre Stelle getreten, entweder aus dem Erbpachtverhältnis oder auch so entstanden, daß der kleine Mann den Schutz vor den Einfällen räuberischer Horden gegen seine Freiheit eingetauscht hatte. Das Los dieser an der Scholle klebenden Arbeiter aber war der unerschwinglichen Abgaben wegen schlimmer als das der Sklaven, zumal seitdem die Bewirtschaftung eine völlig kapitalistische geworden war und sich zwischen den Grundherrn und die Arbeiter der Generalpächter eingeschoben hatte. Aus diesem gedrückten und mißhandelten agrarischen Proletariat erwuchs den Donatisten eine furchtbare Hilfstruppe, der religiöse Streit wurde zum Bauernkrieg. In wilder Verzweiflung durchstreiften die Zirkumzellionen — so genannt, weil sie, zu allen Schandthaten bereit, um die Bauernhäuser herumlungerten — das Land, Krieg gegen die Besitzenden führend. Arbeitsscheues Gesindel jeder Art schloß sich ihnen an. Wo sie konnten, befreiten sie die Sklaven, vernichteten die Schuldregister und Hypothekenbücher und stürzten sich wutschnaubend auf Gutsherren und Gläubiger. Sie waren um so gefährlicher, als sie selbst den Tod keineswegs scheuten, viele aus ihnen vielmehr in religiöser Verblendung und krankhafter Sucht nach dem Martyrium demselben absichtlich entgegengingen, sich von hohen Felsen herabstürzten oder die Vorübergehenden zwangen, ihnen das Schwert in den Leib zu stoßen. Wo ihr wilder Kriegsruf erschallte, flüchteten die Bewohner der Dörfer und einsamen Gehöfte oder suchten sich zu verbergen. Vor allem war es Numidien, wo sie ihren Terrorismus ausübten. Die Eigentümer verließen Haus und Hof und begaben sich in die Städte unter den Schutz der kaiserlichen Beamten.

Fragt man, was diese schlimmsten Feinde einer jeden bürgerlichen Gesellschaft mit den Donatisten gemein hatten, so ist zunächst an das eben hervorgehobene nationale Moment zu erinnern; es waren vor allem numidische und mauritanische Bauern, aus denen sie sich rekrutierten. Sodann aber begreift sich, wie gerade diesen ‚Enterbten' der sich selbst überhebende Rigorismus der Schismatiker sympathisch sein mußte; von ihm erfüllt erschienen sie sich bei allen ihren Greuelthaten als die Kämpfer des Himmels gegen irdische Verderbnis. Es gab dagegen Augenblicke, wo das Treiben der Zirkumzellionen den Donatistenführern zu arg wurde, so daß diese den Schutz der staatlichen Macht anriefen. Als aber im Jahre 347 Kaiser Konstans zwei Abgesandte, Paulus und Makarius, nach Afrika schickte, um nachdrücklich für sie von der ‚Makarianischen Verfolgung' redeten, läßt sich nicht mit völliger Sicherheit entscheiden. Thatsächlich kamen zwei ihrer Bischöfe, darunter der von Baghai, ums Leben; nach Angabe der Katholiken hätten sie freiwillig den Tod gesucht. Donatus von Karthago starb im Exil, wohin ihm zahlreiche seiner Mitbischöfe gefolgt waren. Das Schisma schien be-

Abb. 36 · Inneres einer Zisterne · Ruine von Hudna

die kirchliche Einheit und den Frieden unter den streitenden Religionsparteien einzutreten, standen Donatisten und Zirkumzellionen sofort wieder Schulter an Schulter. Mit Brand und Mord beantworteten sie die gegen sie ins Werk gesetzten Zwangsmaßregeln.

Ob auch von der anderen Seite jene Greuel begangen wurden, von denen die Donatisten zu erzählen wußten, wenn endet. Ein im Jahre 349 in Karthago abgehaltenes Konzil dankte Gott, daß er der afrikanischen Kirche die Einheit wieder gegeben habe. In Wahrheit handelte es sich um eine kurze Pause. Als im Jahre 361 Kaiser Julian den Thron bestieg, riefen die verbannten donatistischen Bischöfe alsbald seine Hülfe an. In der von Rogatianus und Pontianus unterzeichneten Bittschrift wird Julian als der

Fürst bezeichnet, der allein noch der Gerechtigkeit zum Siege verhelfe, und es ist bezeichnend, daß dieser Feind des christlichen Namens bereitwillig auf die Bitte der Schismatiker einging, sie auf ihre Sitze zurückrief und ihnen die früher von ihnen okkupierten Kirchen zurückgab. Von der Gunst der kaiserlichen Beamten unterstützt, nahmen sie jetzt furchtbare Rache an den Katholiken, verjagten Bischöfe und Priester, plünderten und entweihten die Gotteshäuser und bezeichneten ihren Weg durch Verheerung und Blutthaten.

Als Valentinian I. zur Herrschaft gelangt war, suchte er der tiefgehenden Zerrüttung in Afrika ein Ziel zu setzen. Zum Unglück schickte er als obersten militärischen Befehlshaber den Romanus dorthin; ein furchtbarer Mißgriff, denn dieser, ein schlaffer Soldat und hinterlistiger Intrigant, dachte lediglich an seine eigene Bereicherung. Als barbarische Horden aus dem Innern des Landes in die tripolitanische Küstenprovinz einbrachen und Leptis in Asche legten, rührte er sich nicht. Nicht genug damit, brachte er es zuwege, daß diejenigen, die über seine Haltung Beschwerde beim Kaiser führten, darunter der Statthalter der Provinz, Rurizius, als falsche Ankläger verurteilt und der letztere in Sitifis hingerichtet wurde. Kurze Zeit danach waren es seine Machinationen, welche den maurischen Häuptling Firmus zur Empörung trieben. Rasch griff der Aufstand um sich, Firmus verbrannte die mauritanische Hauptstadt Zäsarea, römische Soldaten gingen in hellen Haufen zu ihm über, vor allem aber scharten sich die Donatisten um den neuen ‚König von Afrika'. In dieser kritischen Lage schickte Valentinian seinen besten General, Theodosius, den Vater des späteren gleichnamigen Kaisers, nach Afrika. Völlig unerwartet landete dieser im Jahre 373 in Igildilis (Djidjelli), nahe der Grenze des westlichen Mauritaniens. Durch verständige Maßnahmen gelang es ihm bald, die Volksbewegung zum Stillstand zu bringen; der Zustand des Landes wurde strenge untersucht, Romanus verhaftet und nach Gallien geschickt. Obgleich nur mit geringer Truppenmacht versehen, blieb er in zwei Schlachten über Firmus Sieger. Nun wandte er sich gegen die feindlichen Stämme, bei denen dieser Hilfe gesucht hatte. Nach zweijährigem Kampfe war jeder Widerstand gebrochen. Firmus gab seine Sache verloren und nahm sich selbst das Leben.

Von strengen Maßregeln gegen die Donatisten nahm Valentinian, dem Geiste seiner ganzen Kirchenpolitik entsprechend, Abstand, dagegen erließ er im Jahre 373 von Trier aus ein Gesetz, welches unter Anführung religiöser Erwägungen eine Wiederholung der Taufe verbot. Verhängnisvoll wurden ihnen dagegen die Spaltungen, welche persönliche Zwistigkeiten in ihren eigenen Reihen entstehen ließen. Der Majorität trat zuerst in den Rogatisten, dann in den Maximinianisten eine Minorität gegenüber, welche nun alles das für sich in Anspruch nahm, was die Donatisten den Katholiken gegenüber geltend zu machen bemüht waren. Auch hier führte die Trennung zu gegenseitigen blutigen Verfolgungen.

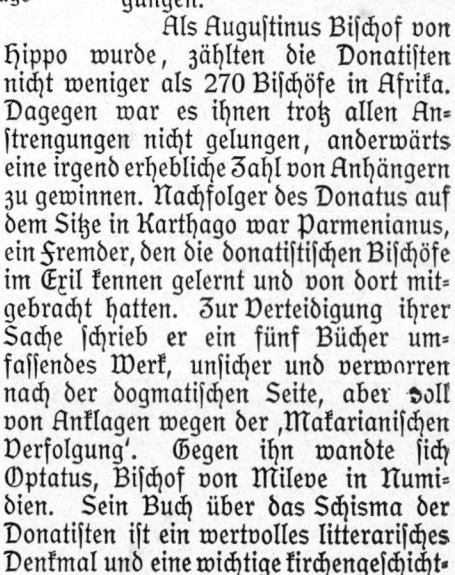

Abb. 37
Christliche Lampe aus Karthago

Als Augustinus Bischof von Hippo wurde, zählten die Donatisten nicht weniger als 270 Bischöfe in Afrika. Dagegen war es ihnen trotz allen Anstrengungen nicht gelungen, anderwärts eine irgend erhebliche Zahl von Anhängern zu gewinnen. Nachfolger des Donatus auf dem Sitze in Karthago war Parmenianus, ein Fremder, den die donatistischen Bischöfe im Exil kennen gelernt und von dort mitgebracht hatten. Zur Verteidigung ihrer Sache schrieb er ein fünf Bücher umfassendes Werk, unsicher und verworren nach der dogmatischen Seite, aber voll von Anklagen wegen der ‚Makarianischen Verfolgung'. Gegen ihn wandte sich Optatus, Bischof von Mileve in Numidien. Sein Buch über das Schisma der Donatisten ist ein wertvolles litterarisches Denkmal und eine wichtige kirchengeschichtliche Quelle. Mit weit größerem Erfolge aber nahm jetzt Augustin den Kampf auf.

In Hippo besaßen die Donatisten die Majorität. Ihr Haß gegen die Katholiken war so groß, daß sie denselben nicht einmal das Brot backen wollten. Vom ersten Tage ab trat Augustinus in Predigten, Abhandlungen und Briefen an hervorragende Persönlichkeiten furchtlos für die Sache der Kirche ein. In wachsendem Maße fanden seine Worte Beachtung; man schrieb seine Predigten nach, sie bildeten das Tagesgespräch. Was die Donatisten dagegen vorbrachten, wurde ihm von den Katholiken neuerdings zur Beantwortung vorgelegt. Die unterdrückte Minderheit wagte wieder das Haupt zu erheben, durch ganz Afrika und darüber hinaus verbreitete sich die Kunde von seiner Wirksamkeit. Grollend wollten die Gegner darin nur die Erfolge seiner Redefertigkeit und seiner dialektischen Gewandtheit erblicken, und wenn sie schon früher jedes öffentliche Religionsgespräch mit den Katholiken abgelehnt hatten, so suchten sie jetzt sogar zu verhüten, daß ihre Schriften in die Hände Augustins gelangten.

Das erste, was er gegen sie ausgehen ließ, war ganz und gar für die Belehrung des Volkes bestimmt. Er selbst hat es einen Psalm genannt. In rhythmischer Form, damit er sich leicht dem Gedächtnisse einpräge und auch gesungen werden könne, bringt derselbe die, vermutlich aus Optatus von Mileve geschöpfte Geschichte des Schismas nebst einer kurzen Widerlegung der Irrlehren und falschen Behauptungen. Ein Versuch, den Donatistenbischof in Hippo, Prokulejanus, zu einer Konferenz zu bewegen, schlug fehl, trotz der verbindlichen Form, in welcher Augustinus ihn dazu aufgefordert hatte. Glücklicher war er mehrere Jahre später, als er sich mit Alypius nach Zirta zur Ordination des Bischofs Fortunatus begab und unterwegs in Thubursikum mit dem donatistischen Bischofe Fortunius zusammentraf. Auch unter den Anhängern des Schismas gab es verschiedenartige Elemente, gewaltthätige und maßvolle. Der schon bejahrte Fortunius gehörte zu den letzteren, und es scheint, daß andere von gleicher Gesinnung, mit denen Augustinus im Verkehr stand, bemüht gewesen waren, eine Annäherung zwischen beiden Männern herbeizuführen. Jetzt suchte Augustinus ihn in seiner Wohnung auf, wohin alsbald eine Menge von Neugierigen nachströmte, um Zeuge der Unterredung zu sein. Dieselbe drehte sich zum großen Teile um die Verfolgungen, über welche die Donatisten sich beklagten und in denen sie doch zugleich ein Zeichen erblicken wollten, daß ihre Gemeinschaft die wahre Kirche darstelle. Augustinus warf ein, daß das gleiche Argument auch die von den Donatisten verfolgten Maximinianisten für sich anrufen könnten, zugleich aber erklärte er sich, dem damals von ihm eingenommenen Standpunkte entsprechend, gegen jede Anwendung von Zwangsmitteln. Ein unmittelbarer Erfolg wurde nicht erzielt, der friedliche Karakter des Gesprächs aber bis zum Ende bewahrt. Aus den Briefen ersehen wir, daß es nicht das einzige dieser Art war. Fast immer handelte es sich dabei um den Ursprung und die einzelnen Vorkommnisse in der Geschichte des Schismas, und im Zusammenhange damit um die Kennzeichen der wahren Kirche. Sie hat für sich die Verheißung, daß sie sich über die ganze Erde verbreiten werde, wie also, schreibt er an den donatistischen Bischof Honorius, könnte die Gemeinschaft des Donatus, die allein auf Afrika beschränkt ist, sich dafür ausgeben? Einem anderen, Krispinus von Kalama, führt er zu Gemüte, daß die Trennung von der kirchlichen Einheit ein schlimmeres Verbrechen sei, als die Auslieferung der heiligen Bücher, die man ohne Grund dem Zäzilianus oder seinem Konsekrator vorgeworfen hatte. In eine heftige Fehde wurde er bald darauf mit Petilianus, dem Bischof von Zirta, verwickelt. Dieser, ein früherer Advokat, war Katechumene der katholischen Kirche gewesen und dann zu den Donatisten übergetreten, zu deren hervorragendsten Führern er gehörte. In stolzer Ueberhebung hatte er sich selbst den Beinamen Paraklet beigelegt. Alsbald nach seiner Wahl zum Bischof hatte er ein Rundschreiben an die ihm untergebenen Priester und Diakone ausgehen lassen, welches die heftigsten Angriffe gegen die Katholiken enthielt. Man suchte dasselbe vor den letzteren geheim zu halten, aber es gelang, wenigstens einen Teil davon zur Kenntnis Augustins zu bringen, der sofort die Widerlegung unternahm und dabei Schritt für Schritt den von Petilianus erhobenen Beschuldigungen folgte. Als ihm später das Schreiben vollständig bekannt geworden war, unterbrach er andere Arbeiten, die ihn gerade beschäftigten, kam nochmals auf dasselbe zurück und ließ seinem ersten ein zweites Buch gegen Petilianus nachfolgen. Nun spielte dieser den Streit auf das persönliche Gebiet hinüber, wozu ihm Augustins inzwischen veröffentlichte Konfessionen das Material liefern mußten. Umsonst, denn seit seiner Taufe war Augustins Leben völlig makellos, so daß jede Verdächtigung ohne Wirkung abprallen mußte, und was die frühere Zeit betrifft, so war er ja selbst sein strengster Ankläger und konnte sich darum in der Petilian erteilten Antwort mit den schönen Worten begnügen: ‚je mehr man meine Sünden verklagt, desto mehr preise ich den, der mich von ihnen geheilt hat'. Im übrigen waren es die alten Streitpunkte, um welche die Kontroverse sich drehte. Nur der Vorwurf, daß die Katholiken ihre Stütze in der Macht des Staates suchten und anderen ihren Glauben mit Gewalt aufnötigen wollten, begegnet hier zum erstenmale. In dem Munde eines Donatisten mußte er befremdlich klingen. Hatten nicht sie von allem Anfange an den Kaiser angerufen? Waren sie nicht verantwortlich für die Gewaltthaten der Zirkumzellionen? Und hatte nicht erst kürzlich der schon genannte Krispinus von Kalama auf einer von ihm erworbenen Domäne die dort befindlichen hörigen Bauern, achtzig an der Zahl, kurzerhand nochmals getauft? Und war nicht die zehnjährige Gewaltherrschaft noch in aller Erinnerung, welche der Bischof Optatus von Timgad ausgeübt hatte, den man wegen seiner engen Beziehungen zu dem Maurenfürsten Gildo den Gildoneer zu nennen pflegte? Letzterer war ein Bruder jenes Firmus gewesen und hatte den Römern im Kriege gegen denselben seine Hilfe geliehen. Dafür war er von diesen mit hohen Ehren ausgezeichnet und zum obersten Befehlshaber der Truppen in Afrika ernannt worden. Seines Schutzes sicher hatte Optatus in furchtbarer Weise gegen Maximinianisten und Katholiken gewütet, ihre Güter an sich gerissen, um sich selbst und seine Anhänger zu bereichern, ganze Städte mit Brand und Plünderung bedroht. Man atmete auf, als ihn endlich sein Schicksal erreichte. Im Jahre 397 hatte sich Gildo gegen die kaiserliche Oberherrschaft empört, war aber mit Hülfe eines anderen seiner Brüder, Maskazel, der das Blut seiner Söhne an ihm zu rächen hatte, im Jahre darauf geschlagen worden und hatte sich selbst den Tod gegeben. Optatus war im Gefängnisse umgekommen.

Noch bevor er das Werk gegen Petilian hatte zu Ende führen können, schrieb Augustin seine drei Bücher gegen Parmenian, des Petilian Vorgänger, um gewisse Behauptungen zu entkräften, welche dieser in einem Briefe an Tichonius, einen gemäßigten Donatisten und hervorragenden Exegeten, ausgesprochen hatte. Wiederum handelte es sich um die Frage, ob durch die Duldung der Sünder die Kirche ihrer Heiligkeit verlustig gehe, und im Zusammenhange damit um die Frage der Taufe. Die dabei gemachte Zusage, diese letztere noch ausführlicher zu erörtern, erfüllte er demnächst in einem besonderen, sieben Bücher umfassenden Werke.

Im Jahre 401 kamen die katholischen Bischöfe zuerst im Juli und dann nochmals im September in Karthago zusammen. Um dem drückenden Priestermangel zu begegnen, schlug Aurelius vor, die zurückkehrenden Donatisten in ihren Würden zu belassen. Hiergegen hatte sich früher sowohl der Papst in Rom als der Bischof von Mailand sehr bestimmt ausgesprochen, man beschloß daher, Gesandte nach beiden Orten zu schicken, welche die Notlage der afrikanischen Kirche schildern sollten. Bei der Zusammenkunft im September, welche zahlreicher als die frühere besucht war, wurde der Vorschlag angenommen, jedoch so, daß man die Entscheidung von Fall zu Fall in die Hände der Bischöfe legte. Von friedlichen Gesinnungen erfüllt, beriet man sodann die Mittel, durch welche die getrennten

Brüder zur kirchlichen Gemeinschaft zurückgeführt werden könnten. Das Verhalten der Donatistenführer war durchaus widerspruchsvoll. Sie hatten sich selbst von der allgemeinen Kirche getrennt, daß sich aber die Maximinianisten von ihnen getrennt hatten, machten sie diesen zum größten Vorwurf.

Maximinianisten, die zu ihnen zurückkehrten, nahmen sie ohne weiteres auf, bei Katholiken dagegen erklärten sie die Wiederholung der Taufe für unerläßlich. Die Bischöfe hofften auf eine günstige Wirkung, wenn sie diese Dinge, gestützt auf zweifellose Dokumente, möglichst allgemein bekannt machten.

Kurze Zeit nach dem Konzil erließ Augustin an die Gläubigen seines Sprengels ein ausführliches Schreiben über die Einheit der Kirche. Niemand war so weit wie er von hierarchischen Gelüsten entfernt, niemand so wenig geneigt, das Geheimnis des christlichen Lebens in der äußerlichen Zusammengehörigkeit mit einer Partei zu erblicken. Aber die Kirche — dies sind die Gedanken, die er entwickelt — ist der Leib Christi, Christus das Haupt der Kirche, beide sind untrennlich miteinander verbunden. Wer sich von der Kirche trennt, trennt sich darum von Christus und somit vom heiligen Geiste, und darum von der Liebe und den Gnadenmitteln. Daß sie diese, in der Liebe gründende Einheit zerreißen,

daß sie sich außerhalb der Liebesgemeinschaft stellen, ist das Unrecht und noch mehr das Unglück der Donatisten.

Den friedfertigen Gesinnungen des Konzils von Karthago antwortete zunächst, wie es scheint, eine neue Erhebung der Zirkumzellionen. Wie Possidius berichtet, entging Augustinus selbst nur durch einen glücklichen Zufall ihren Nachstellungen. Bewaffnete Banden besetzten die Straße, welche der vom Besuche einer auswärtigen Gemeinde zurückkehrende passieren mußte, aber der Irrtum eines Führers hatte ihn einen falschen Weg einschlagen lassen, so daß sie vergeblich auf ihn warteten.

Im August 403 tagte abermals ein Konzil in Karthago. Man beschloß, daß die Bischöfe die Häupter der Donatisten auffordern sollten, sich in friedlichen Zusammenkünften mit ihnen über die streitigen Punkte auseinanderzusetzen. Aber diese antworteten überall ablehnend, mit der beleidigenden Motivierung, die Söhne der Märtyrer könnten mit der Brut der Verräter nicht zusammenkommen, und auf den vergeblichen Annäherungsversuch folgte auch jetzt ein neuer Ausbruch der Leidenschaften. Als Possidius, der katholische Bischof von Kalama, in einer Gemeinde seines Sprengels verweilte, stürmte ein bewaffneter Haufe im Auftrage des donatistischen Bischofs Krispinus und unter Füh-

Abb. 38
Kaiser Theodosius · Kolossalstatue in Barletta

rung eines Priesters das Haus, in welchem er sich befand, richtete allerlei Verheerungen an und schonte auch ihn nicht. Der Vorgang machte Aufsehen, Krispinus wurde zu einer Geldstrafe verurteilt, brauchte sie aber auf die Fürbitte des Possidius nicht zu bezahlen. Weit schlimmer erging es dem katholischen Bischofe von Baghai, Maximianus. Mit Schwertern und Knütteln drang man in einer Basilika, welche neuerdings den Katholiken zugesprochen worden war, auf ihn ein, schleifte den schwer Verwundeten nackt über das Steinpflaster der Kirche und warf ihn dann von der Höhe eines Turmes herab auf einen Düngerhaufen, wo ihn in der Nacht ein zufällig des Wegs Kommender auffand, der ihn in seine Wohnung brachte.

Der solchergestalt von den Zirkumzellionen ausgeübte Terrorismus verhinderte nicht wenige, die innerlich dazu geneigt waren, zur Kirche zurückzukehren, und man begreift, daß unter solchen Umständen den Katholiken jede Hoffnung schwand, auf friedlichem Wege zu einer Vereinigung zu gelangen. Sie konnten für sich anführen, daß sie kein Mittel gütlicher Verständigung unversucht gelassen hatten. Unermüdlich hatte Augustinus sein Wort und seine Feder benützt, um aufklärend, belehrend und mahnend für die Sache der Einheit zu wirken, und dabei stets zur Milde geraten und selbst Milde walten lassen. Jetzt trat der verhängnisvolle Wendepunkt ein. Die Bischöfe von Afrika forderten das Eingreifen der Gesetzgebung gegen die Donatisten.

Ein im Juni 404 in Karthago zusammengetretenes Konzil hatte die Frage eingehend beraten. Die Meinungen waren geteilt; es fehlte nicht an solchen, welche angesichts der begangenen Frevelthaten strengen Maßregeln das Wort redeten, andere dagegen, und unter ihnen Augustinus, verlangten nur vor einer Erneuerung derselben geschützt zu sein, um ungestört ihres Amtes walten und die katholische Lehre verkünden zu können. Schließlich einigte man sich dahin, die Anwendung eines von Kaiser Theodosius im Jahre 392 erlassenen Gesetzes zu beantragen. Dasselbe bedrohte die Häretiker mit einer erheblichen Geldstrafe, die Donatisten hatten sich jedoch stets dagegen verwahrt, daß sie darunter begriffen würden. Auch jetzt wollte das Konzil das Gesetz nur gegen solche donatistische Bischöfe angewandt wissen, welche in ihren Sprengeln das Unwesen der Zirkumzellionen geduldet hatten. Nicht um andre zu verfolgen, verlangte es die Hülfe der Staatsgewalt, sondern um die eigenen Gläubigen zu schützen. Hatte doch auch der Apostel Paulus sich auf seine Eigenschaft als römischer Bürger berufen und es nicht verschmäht, sich, als die Juden seinen Tod suchten, unter den Schutz der römischen Waffen zu begeben.

Daß die Nachfolger Konstantins wiederholt gegen die Häretiker vorgegangen waren, ist schon mehrfach erwähnt worden, ebenso auch, daß selbst der tolerante Valentinian I. die Wiedertaufe verboten hatte. Gratian hatte das Verbot neuerdings eingeschärft, großen Erfolg scheint es indessen, wie das Beispiel des Krispinus von Kalama beweist, nicht gehabt zu haben. In ihrem Besitzstande wurden die Donatisten unter ihm und auch unter Theodosius nicht gestört. Weiter ging ein von Honorius nach dem Tode des Empörers Gildo erlassenes Gesetz. Mit deutlicher Spitze gegen die Donatisten wendete es sich gegen jede Entweihung der Kirchen, Störung des Gottesdienstes und Vergewaltigung der Priester. Nicht das Eingreifen der Staatsgewalt war also das Neue. Daß diese sich in religiöse Dinge einmenge, lag so ganz und gar im römischen Staatsgedanken, daß viele darin, auch wenn es sich jetzt nicht mehr um die heidnische, sondern um die christliche Religion handelte, nichts überraschendes oder befremdliches sehen mochten. Aber von entscheidender Bedeutung für die Folgezeit war, daß die Konzilsväter ein solches Eingreifen ausdrücklich verlangten, daß sie an einem mit geistigen Waffen zu erringenden Siege verzweifelten und an

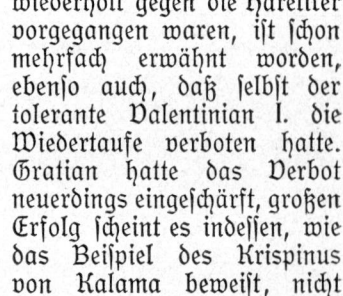

Abb. 39
Kaiser Honorius

die Gewalt appellierten. Auch bedeutete die Anwendung des Theodosianischen Gesetzes auf die Donatisten diesen gegenüber offenbar eine Verschärfung der bisherigen staatlichen Maßnahmen.

Zwei Bischöfe, Theasius und Evodius, wurden als Gesandte an den kaiserlichen Hof geschickt, die Bitte des Konzils vorzutragen. Dort aber waren ihnen schon andere zuvorgekommen. Zunächst hatte Krispinus den Mut gehabt, gegen die wegen Mißhandlung des Possidius ihm zuerkannte Strafe an den Kaiser zu appellieren; er hatte dadurch die Aufmerksamkeit des letzteren neuerdings auf die Vorgänge in Afrika gelenkt. Vor allem aber war es der schwer betroffene Bischof von Baghai, der, wie es scheint, in eigener Person seine Rechte dort anhängig gemacht hatte, und mit ihm der Bischof Servus von Thubursikaburium, welchem ähnliches widerfahren war. So geschah es, daß Kaiser Honorius unabhängig von dem Verlangen des Konzils im Jahre 405 eine Reihe von gesetzlichen Bestimmungen erließ, welche ausdrücklich die Unterdrückung des donatistischen Schismas bezweckten. Die Anhänger desselben, insbesondere diejenigen, welche die Taufe wiederholen, werden mit Güterkonfiskation und Geldstrafen bedroht. Im prokonsularischen Afrika scheint sich der Erfolg schon bald gezeigt zu haben, indem jetzt zahlreiche Donatisten zur katholischen Kirche zurückkehrten. Selbst von ehemaligen Zirkumzellionen weiß Augustinus zu berichten, daß sie sich wieder einem friedlichen und ehrbaren Leben zu=

wandten. Ein neues Konzil in Karthago vom Jahre 405 richtete das dringende Verlangen an die Behörden, das Gesetz auch in den übrigen Provinzen durchzuführen. Am schlimmsten stand es in der näheren Umgebung von Hippo. Dort trieben die Zirkumzellionen noch jahrelang ihr Unwesen und fügten zu den alten Schandthaten neue hinzu, indem sie mit Vorliebe den von ihnen ergriffenen katholischen Priestern Kalk und Essig in die Augen schütteten. Doch kann Augustinus melden, daß auch jetzt wieder Segen dem Uebel entsproßte und der Eifer der Katholiken da um so lebhafter entbrannte, wo sie derartige Verfolgungen zu erdulden hatten. Er selbst hörte nicht auf, in Wort und Schrift die Sache der Kirche gegen die Schismatiker zu vertreten. Mehreres von seinen damaligen Arbeiten ist verloren gegangen. Erhalten haben sich die vier Bücher gegen den Gram=

Abb. 40 · Kaiser Honorius auf dem Diptychon von Aosta

matiker Kresfonius, zwei Bücher gegen Gaudentius, ein Brief an den Rogatistenbischof Vinzentius, die Abhandlung über die einmalige Taufe. Wichtig sind darin vor allem die Ausführungen geworden, mit denen er das Eintreten der weltlichen Macht verteidigt.

Man hat ihm daraus in der Neuzeit einen schweren Vorwurf gemacht, um so mehr, als er selbst in früheren Jahren jede Anwendung von Zwang im Bereiche des religiösen Lebens abgelehnt hatte und alles von der Kraft des Wortes und der göttlichen Gnade erwartete. In erster Linie war es der Erfolg, welcher ihn mit dem aussöhnte, was ursprünglich gegen seinen Willen geschehen war. Immer wieder macht er geltend, daß die Gesetze den einen, die schon längst gerne gekommen wären, dies durch den Schutz ermöglichten, den sie ihnen gegen den Zorn ihrer Parteigenossen gewährten; daß sie andere, die bisher sorglos im Irrtum dahin gelebt, aufmerksam gemacht und den Irrtum hätten erkennen lassen; daß endlich solche, die nur dem äußeren Drucke folgend sich der katholischen Gemeinschaft anschlossen, allmählich auch innerlich umgewandelt und von der Wahrheit ihrer Lehre überzeugt worden seien. Die Erfahrung hat gelehrt, sagt er in einem Briefe, ‚daß es vielen genützt hat, zuerst durch Furcht oder auch durch Schmerzen genötigt zu werden, damit sie nachher belehrt werden konnten, oder auch damit sie das, was sie schon gelernt hatten, durch die That befolgten'. Und in einem andern: „Hätte man sie nur geschreckt und nicht belehrt, so wäre das eine unredliche Vergewaltigung gewesen; hätte man sie umgekehrt nur belehrt, nicht auch geschreckt, so hätte man sie, die durch lange Gewöhnung verhärtet waren, nur schwer dazu gebracht, den Weg des Heils zu ergreifen".

Aber er blieb hierbei nicht stehen, sondern unternahm es, das Eingreifen der weltlichen Gewalt grundsätzlich zu rechtfertigen. Entscheidend erschien ihm namentlich das Gleichnis bei Lukas, wo der Hausvater zu seinen Knechten sagt: zwingt alle einzutreten, die euch begegnen. Die obrigkeitliche Gewalt, führt er aus, ist von Gott, wozu aber hat ihr Gott Macht gegeben, wenn nicht zur Verhinderung des Bösen? Darum strafen die Gesetze Diebstahl, Ehebruch und alle möglichen Verbrechen, — aber ist nicht die Untreue gegen Gott das größte von allen? Darum würde die Obrigkeit ihre Pflicht vernachlässigen, wenn sie den falschen Religionen freien Lauf lassen wollte, und dies um so mehr, als ein wohlgeordnetes Gemeinwesen die religiöse Einheit seiner Glieder verlangt. Auch jetzt aber schreckt er vor extremen Maßregeln zurück, nicht nur weil er von Natur zur Milde neigt, sondern in Konsequenz seiner Theorie. Selbst für die Mordgesellen, welche zwei Priester, Restitutus und Innozenz, umgebracht hatten, legt er seine inständige Fürbitte bei dem Tribun Marzellinus und dem Prokonsul Apringius ein. Gott, sagt er zu dem letzteren, hat dir das Schwert gegeben zur Bestrafung des Bösen, aber ein anderes ist die bürgerliche Gesellschaft, ein anderes die Kirche. Dort waltet die Strenge, hier die Milde. Die Anwendung von Zwang ist nur so lange gut, als sie dem Schuldigen die Möglichkeit der Besserung verstattet. Wo die staatlichen Behörden darüber hinausgehen, wo sie die irrenden Brüder mit dem Tode bestrafen, thun sie es im Widerspruch mit den von Augustin entwickelten Grundsätzen.

Spätere Zeiten haben diese Unterscheidungen nicht gemacht. Aus den geschichtlichen Verhältnissen losgelöst, unter denen sie entstanden waren, die sie ihm gewissermaßen abgenötigt hatten, haben die Aussprüche Augustins über die Pflicht der Staatsgewalt und die wohlthätigen Wirkungen der Zwangsmittel dazu gedient, jedes Eingreifen der weltlichen Macht zu Gunsten der Kirche und gegen die Häretiker zu rechtfertigen. Auf sie berief man sich, um Ludwig XIV. zur Aufhebung des Edikts von Nantes zu bestimmen. Den Bischof von Hippo kann man billigerweise nicht dafür verantwortlich machen. Beurteilt man jene Aussprüche dagegen im Zusammenhange mit den zeitgeschichtlichen Thatsachen, erinnert man sich an den Eigensinn der Donatisten, die, wie Optatus von Mileve sagt, einen kleinen Funken zu einer großen Feuersbrunst entfachten, an den Terrorismus der Zirkumzellionen, vor dem jede Rechtssicherheit und jede gesellschaftliche Ordnung sich auflöste, so mag man sie zwar im Prinzip und um der Folgen willen bedenklich finden, aber nach Lage der Umstände sind sie vollauf begreiflich.

Im Juni 411 fand in Karthago ein Religionsgespräch zwischen den katholischen und den donatistischen Bischöfen statt. Auf den Wunsch der ersteren hatte es der Kaiser anberaumt und den Donatisten unter schweren Strafen befohlen, sich dazu einzufinden. Sie säumten nicht, dem Befehle nachzukommen, zogen sogar mit großem Pomp in die Stadt ein und gaben ihre Zahl auf 279 an, sodaß sie nur wenig von der der Katholiken übertoffen wurden. Den Vorsitz führte der Tribun Marzellinus, der hiezu durch seine nicht gewöhnliche theologische Bildung, seinen rechtlichen Karakter, seine maßvolle Gesinnung und seine staunenswerte Geduld vorzüglich geeignet war. Es ist nicht nötig, auf die Verhandlungen näher einzugehen. Man hat sie eine traurige Komödie genannt, und in der That, eine Konferenz über religiöse Fragen, zu welcher der eine Teil befohlen wird, der ein kaiserlicher Beamter vorsitzt, würde uns heutzutage schwerlich als das geeignete Mittel erscheinen, einen alten Gegensatz auszutragen. Aber auf Grund des sehr vollständig erhaltenen Materials kann kein Zweifel darüber bestehen, daß es den katholischen Bischöfen und vor allem Augustin durchaus ernst damit war. Vollkommen überzeugt von der Güte ihrer Sache und der Nichtigkeit der zur Rechtfertigung des Schismas vorgebrachten Argumente, war es seit Jahren ihr sehnlichster Wunsch gewesen, das eine wie das andere öffentlich zu dokumentieren. Die Donatisten dagegen waren jeder Verhandlung aus dem Wege gegangen, jetzt hielt ein kaiserlicher Befehl sie fest, und sie mußten Rede stehen. Die Erklärung der Katholiken, auf ihre Bischofssitze verzichten zu wollen, falls es sich ergäbe, daß sie im Unrecht wären, dagegen den Donatisten die ihren zu belassen, falls die Entscheidung gegen diese ausfiele, entsprang ihrer Siegesgewißheit, aber sie war durchaus ehrlich gemeint. Kurz vor Beginn der Verhandlungen hielt Augustin eine Predigt über den Frieden und die Liebe. Er ermahnte darin die Gläubigen, sich ruhig zu verhalten, nicht in die Sitzungen einzudringen, ja sogar den Ort zu meiden, wo dieselben stattfanden, um keinen Anlaß zu Verwicklungen zu geben, sondern statt dessen für einen guten Ausgang zu beten. „Wir werden", sagte er, „für euch disputieren, betet ihr für uns. Unterstützt euere Gebete durch Fasten und Almosen, verleiht ihnen so die Schwingen, auf denen sie zu Gott empor fliegen. Indem ihr dies thut, seit ihr vielleicht uns von größerem Nutzen als wir euch. Denn keiner von uns vertraut auf sich selbst in der bevorstehenden Diskussion, Gott ist unsere ganze Hoffnung. Die Wahrheit allein wird siegen, der Sieg der Wahrheit aber ist die Liebe."

Das Endurteil des Marzellinus fiel gegen die Donatisten aus. Ein Gesetz des Kaisers Honorius aus dem Beginne des folgenden Jahres und ein zweites aus dem Jahre 414 bedrohten sie, Geistliche und Laien, mit verschieden abgestuften Geldstrafen, die ersteren außerdem mit Verbannung. Ihre Kirchen und Kirchengüter sollten den Katholiken zufallen. Augustin und Possidius wissen von zahlreichen Konversionen infolge des Religionsgesprächs zu erzählen, im prokonsularischen Afrika war das Schisma schon vorher fast erloschen; trotzdem hielt es sich noch längere Zeit an einzelnen seiner Hauptsitze, so im mauritanischen Zäsarea und in Timgad. An ersterem Orte machte Augustinus bei vorübergehender Anwesenheit einen vergeblichen Versuch, den Bischof Emeritus herüber zu ziehen. Er berichtet darüber in einer eigenen Schrift. Der Bischof von Timgad, Gaudentius, erklärte dem kaiserlichen Abgesandten, Dulzitius, daß er und die Seinigen sich lieber in ihrer Kirche verbrennen als dem Schisma entsagen wollten. Es geschah ihnen kein Leids, vielmehr versuchte auf des Dulzitius Veranlassung hin Augustin in zwei an Gaudentius gerichteten Büchern den Halsstarrigen eines Besseren zu belehren.

An eine energische Durchführung der gegen die Häretiker gerichteten Gesetze darf man nicht denken. Schon die häufige Erneuerung derselben spricht dagegen. Man hat weit mehr den Eindruck, daß sich die Beamten ihrer bedienten, deren Gesinnungen oder deren Interessen sie entsprachen, als daß sie die feste Norm ihrer amtlichen Tätigkeit gebildet hätten. Schwer mußte Marzellinus sein Verhalten büßen. Sein Schicksal wirft ein grelles Licht auf die heillosen Zustände jener Zeit. Im Jahre 413 empörte sich

Frhr. v. Hertling, Augustin 6

Heraklian, der Statthalter von Afrika, gegen den Kaiser, wurde aber geschlagen und von seinen eigenen Soldaten umgebracht. Marinus, der ihn besiegt hatte, erschien mit kaiserlichen Vollmachten, um alle Schuldigen zur Strafe zu ziehen. Der Verleumdung, vielleicht auch dem Gelde der Donatisten gelang es, Marzellinus in die Sache zu verwickeln. Augustins und der übrigen Bischöfe Bemühungen, die sogar eine Gesandtschaft an den kaiserlichen Hof schickten, fruchteten nichts. Noch ehe die letztere zurückgekehrt war, hatte Marinus den Marzellinus und seinen Bruder im Gefängnisse hinrichten lassen.

Die Bücher gegen Gaudentius bilden den Schluß der ausgedehnten, auf den

Abb. 41 · Kapitol von Dugga (Thugga)

Donatismus bezüglichen schriftstellerischen Thätigkeit Augustins. Zuvor hatte er noch einen kurzen Abriß der in Karthago geführten Verhandlungen verfaßt, sowie ein Sendschreiben an die dem Schisma anhangenden Laien. Mehr als zwanzig Jahre lang hatte er einen großen Teil seiner Kraft dafür eingesetzt, die kirchliche Einheit in Afrika wieder zu gewinnen. Was er in Wort und Schrift für die Vertiefung und Klärung der Anschauungen von der Kirche und der Wirksamkeit der Sakramente geleistet hat, ist zum unverlierbaren Besitze der katholischen Denkweise geworden. Das war der bleibende Gewinn, welchen der hundertjährige, aus nichtigen Ursachen hervorgegangene Religionskrieg gebracht hatte. Dem rückwärts schauenden Auge bildet dieser Krieg mit allem Unerfreulichen, das er einschließt, nur mehr den düsteren Hintergrund, von dem sich leuchtend die Gestalt des großen Kirchenvaters abhebt.

*

Schon seit Jahren aber war es nicht die in steten Wiederholungen sich ergehende Auseinandersetzung mit den Donatisten allein, welche seine geistige Kraft in Anspruch nahm. Eine andere Frage hatte begonnen, die Christenheit aufzuregen, eine neue Irrlehre hatte ihr Haupt erhoben, um so gefährlicher, als sie in ihrem Ursprunge von Männern vertreten wurde, denen der Ruf großer Frömmigkeit voranging und daher auch die Gunst strenggesinnter Kreise begegnete; um so verderblicher, als sie in ihre Konsequenzen entwickelt, das innerste Wesen des Christentums aushöhlen und vernichten mußte. Es handelte sich um die Frage der göttlichen Gnade. Kann der Mensch aus eigener Kraft das Gute thun und sein Heil wirken, oder bedarf er dazu höherer Hilfe? Und worin besteht diese und wo beginnt sie? Thun wir selbst den ersten Schritt, indem wir das Gute wollen, und bedürfen wir nur der unterstützenden Gnade, damit wir nicht alsbald wieder erlahmen? Oder kommt die Gnade bereits dem Willen zuvor, sodaß wir ohne sie das Gute nicht einmal wollen könnten? Und wie kommt es, daß die einen auf solche Weise durch die zuvorkommende Gnade zum Guten geführt werden, die andern nicht? Etwa darum, weil Gott voraussieht, daß die einen die angebotene Hilfe benutzen, die andern sie verschmähen werden? Das würde besagen, daß Gott zwar alle Menschen zum Heile führen will, sein Wille aber im Einzelfall an dem mächtigeren Willen des Geschöpfs scheitert. Will also Gott nicht alle zum Heile führen, sondern nur die, welche er von Ewigkeit her dazu ausersehen hat? Wenn das eine harte Lehre scheint, wenn wir statt dessen annehmen sollen, daß Gott keinem seine stützende Hand entzieht, der darnach verlangt, wenn somit der Anfang des Guten in den freien Willen des Menschen verlegt wird, so fragt es sich dann weiter: was bedeutet die Erlösung durch Christus? Möglicherweise besteht sie nur darin, daß die erhabene Lehre, die er verkündigte, und das Beispiel seines vollkommenen Lebens uns behilflich sind, gut und vollkommen zu werden. Unentbehrlich für einen jeden wäre sie aber alsdann nicht, und in der That gab es ja auch im heidnischen Altertume gute und tugendhafte Männer. Aber dann darf man auch nicht länger von einer verderbten Menschennatur reden, von einer Erbsünde. Und dann besagt die Taufe der unmündigen Kinder keine Sündenvergebung und auch die, welche ungetauft sterben, brauchen nicht des Heils verlustig zu gehen.

Behutsam, in vorsichtiger Zurückhaltung, demnächst auch in absichtlicher Verschleierung hatte Pelagius Behauptungen aufgestellt, welche zu solch einschneidenden Konsequenzen für die Lehre und Praxis der Kirche hinführten. Brite von Geburt, taucht er zum erstenmale unter dem Pontifikate des Damasus in Rom auf, wo er, ohne einer klösterlichen Gemeinschaft anzugehören, das strenge Leben eines Mönchs führte. Er war litterarisch gebildet, auch mit griechischer Philosophie vertraut. Um die schlaffen Christen aufzurütteln, predigte er, daß Gott nichts Unmögliches verlange, dem Menschen vielmehr die Kraft innewohne, das Gute zu thun, wenn er nur wolle. Dabei war sein sittlicher Maßstab keineswegs ein niedriger; den Reichen rief er zu, daß sie nicht in das Himmelreich eingehen würden, wenn sie sich nicht ihrer Güter entäußerten. So gewann er die Freundschaft von Männern, auf welche die Christenheit voller Bewunderung sah, eines Paulinus von Nola, eines Pammachius, und der frommen Frauen Proba, Melania, Demetrias. Er stand mit angesehenen Bischöfen in brieflichem Verkehr, auch Augustinus hatte Günstiges von ihm gehört.

Von anderem Schlage war sein Schüler und Freund Zälestius. Als ehemaliger Advokat und gewandter Dialektiker zu grundsätzlicher Diskussion geneigt, stellte er Behauptungen auf, welche Aufsehen machen und Widerspruch hervorrufen mußten. Gleich zu Anfang scheint er sich gegen die kirchliche Lehre von der Erbsünde gewandt und gelehrt zu haben, daß der Zweck der Kindertaufe nicht Sündenvergebung sei. Vor Alarich flüchtend kamen beide Männer nach Nordafrika. Vielleicht wollten sie den Versuch machen, Augustinus für sich zu gewinnen, obgleich gerade ein Satz in den Konfessionen des Pelagius heftigen Widerspruch hervorgerufen hatte. Zu einer näheren Berührung kam es jedoch nicht, Pelagius reiste plötzlich wieder ab, während Zälestius blieb und Schritte unternahm, in Karthago zum Priester geweiht zu werden. Aber der Mailänder Diakon Paulinus war ihm zuvorgekommen und legte den zum Konzil versammelten Bischöfen, wahrscheinlich im Jahre 412, sechs formulierte Anklagepunkte vor. Sie bezogen sich auf den Fall Adams und die Folgen desselben für das Menschengeschlecht, sowie im engsten Zusammenhange damit auf die Erlösung durch Christus. Zälestius wurde verurteilt; er begab sich nach Ephesus, wo er Priester wurde, und von da nach Konstantinopel. Pelagius war nach Palästina gegangen.

Beide Männer mochten nicht ohne Grund annehmen, daß im Oriente der Boden für ihre Anschauungen günstiger sei. Immerhin scheinen dieselben auch in Afrika nicht ohne Eindruck geblieben zu sein. Durch den Tribunen Marzellinus wurde Augustin veranlaßt, sich damit zu befassen. Wie er sich zu denselben stellen würde, konnte freilich keinen Augenblick zweifelhaft sein. Vom ersten Tage seiner Bekehrung an hatte er nicht aufgehört, die göttliche Hilfe zu preisen, ohne welche menschliche Ohnmacht nichts vermag. Was schon in den früheren Schriften einen gelegentlichen, aber unzweideutigen Ausdruck gefunden hatte, durchdrang wie in lauten Akkorden die im Jahre 400 verfaßten Bücher der Konfessionen. Jedes Blatt beinahe legt Zeugnis ab für die siegreiche Macht der zuvorkommenden Gnade. Hier befand sich das Gebet, an dem Pelagius Anstoß genommen hatte: ‚gib, was du besiehlst, und befiehl, was du willst‘. Hier und anderwärts wiederholt er immer wieder seinen Lieblingsspruch: ‚was hast du, Mensch, das du nicht empfangen hättest?‘ Nun trat an ihn die Aufgabe heran, die Lehre von der Gnade in Uebereinstimmung mit den Aussprüchen der h. Schrift und der Väter systematisch und allseitig zu entwickeln und namentlich auch die Frage nach der Prädestination zu beantworten.

Seinen Ausführungen lauschte alsbald die ganze Kirche des Abendlandes. Die im Jahre 412 verfaßten Bücher ‚Ueber Sündenschuld und Sündenvergebung‘ handeln von der Erbsünde, der Kindertaufe und der rechtfertigenden Gnade, den Punkten also, auf welche sich zunächst die Aufmerksamkeit hatte richten müssen. Die Vertreter der Neuerung werden darin mit Schonung behandelt, ihre Namen nicht genannt. Der gleichen Zeit gehört die Schrift ‚Ueber Geist und Buchstabe‘ an, welche die Notwendigkeit der inneren Gnade im Gegensatze zur äußeren des Gesetzes vertritt.

Pelagius liebte es, sich im Hintergrunde zu halten und nur im engen Kreise der Freunde seine Gedanken offen auszusprechen. Ein wichtiges Denkmal seiner Lehre ist der Brief, den er im Jahre 413 an die inzwischen in ein Kloster eingetretene Demetrias geschrieben hat. Auch sein Buch ‚Ueber die Natur‘ war vielleicht nicht für die Oeffentlichkeit bestimmt. Man ist überrascht, zu sehen, wie schnell trotzdem die neue Lehre bekannt wurde. Aus Syrakus wandte sich Hilarius an Augustin und erbat sich Belehrung, die ihm dieser in einem ausführlichen Briefe zuteil werden ließ.

Bald darauf kam das erwähnte Buch des Pelagius in seine Hände; zur Widerlegung desselben schrieb er die Abhandlung ‚Ueber die Natur und die Gnade' und unmittelbar darauf gegen eine Verteidigungschrift des Zälestius die andere ‚Ueber die vollkommene Gerechtigkeit des Menschen'. Beide entstammen dem Jahre 415.

Inzwischen war es Pelagius durch Ausflüchte, halbe Wahrheiten und völlig unwahre Aussagen gelungen, zwei palästinenische Synoden, zu Jerusalem und zu Diospolis, zu täuschen. Auch in Rom besaß er zahlreiche Freunde. Um so wachsamer war man in Afrika. Im Jahre 416 fanden dort zwei Bischofsversammlungen statt, die eine in Karthago, die andere im numidischen Mileve; auf der letzteren war Augustinus anwesend. Beide richteten Schreiben nach Rom an Papst Innozenz. Nicht lange danach erhielt derselbe noch ein drittes Schreiben von fünf afrikanischen Bischöfen, unter denen sich ebenfalls Augustinus befand. In allen dreien wird auf die Gefahr der neuen Lehre hingewiesen, welche die Gläubigen beunruhige und ihnen das Vertrauen auf die göttliche Gnade raube. Ausdrücklich betonen sie, daß es nicht auf die Verurteilung des Pelagius abgesehen sei, sondern auf die Zurückweisung von Lehrmeinungen, welche mit den bestimmten Worten der heiligen Schrift im Widerspruch stünden. In seinem Antwortschreiben belobte der Papst die afrikanischen Bischöfe, daß sie nach der alten Regel gehandelt hätten, ‚wonach man, was immer in den entlegensten und entferntesten Provinzen verhandelt wurde, nicht früher endgültig entscheiden dürfe, als bis es zur Kenntnis des römischen Stuhles gelangt sei, damit jedes gerechte Urteil durch sein Ansehen bekräftigt werde'. Sodann bestätigte er ihre doktrinalen Auseinandersetzungen und erklärte Pelagius und Zälestius für ausgeschlossen aus der Kirche. Trotzdem gelang es den beiden, als Innozenz noch im selben Jahre, 417, gestorben war, durch überaus geschickt abgefaßte Verteidigungsschriften seinen Nachfolger Zosimus günstig zu stimmen, sodaß dieser sogar den afrikanischen Bischöfen übereiltes Vorgehen zum Vorwurfe machte. Daraufhin versammelten sich diese abermals, zweihundertundsiebzehn an der Zahl, um ihren Primas Aurelius in Karthago und verfaßten einen neuen, durch die Akten der früheren Konzilien unterstützten Bericht, indem sie zugleich den Papst beschworen, sich nicht durch trügerische Machinationen täuschen zu lassen, und jedenfalls ohne eine erneute Untersuchung die früheren gegen die beiden Häresiarchen gefällten Entscheidungen nicht aufzuheben. Erst im Mai des folgenden Jahres traf die päpstliche Antwort in Afrika ein. Dieselbe betonte mit großem Nachdrucke die Autorität des heiligen Stuhles, verwahrte sich gegen die Auffassung, als hätte durch das vorige, jenen Tadel aussprechende Schreiben, die Lehre des Zälestius gebilligt werden sollen, und teilte im übrigen den Bischöfen mit, daß in Uebereinstimmung mit ihren Wünschen an den von Papst Innozenz erlassenen Urteilen nichts geändert worden sei. Noch bevor sie diese Antwort erhalten hatten, waren die Bischöfe neuerdings in Karthago zusammengetreten und hatten in acht Sätzen die Lehre des Pelagius verdammt. Aber in Rom war man ihnen diesmal zuvorgekommen. Auf Grund wiederholter Untersuchung hatte der Papst über diesen wie über Zälestius das Anathem ausgesprochen. Durch ein an alle Bischöfe des Erdkreises gerichtetes Schreiben, eine sogenannte Traktatoria, wurde die Entscheidung verkündet. Nicht alle unterwarfen sich. Achtzehn Bischöfe verweigerten die von Zosimus geforderte Unterschrift, an ihrer Spitze Julianus von Eklanum, der von nun an die Führung übernahm, während Pelagius vom Schauplatze verschwand. Auch die weltliche Behörde blieb nicht zurück. Im Jahre 418 erließ Kaiser Honorius ein Edikt, worin er die neuen Ketzer mitsamt ihrem Anhange aus Rom verwies und die Schuldigen mit strengen Strafen bedrohte. Das Jahr darauf schrieb er an Aurelius von Karthago und schärfte — merkwürdig genug — dem Primas ein, von allen Bischöfen zu verlangen, daß sie nochmals ihre Namen unter die Verurteilung des Pelagius setzten. Trotz alledem scheint Zälestius seine Sache nicht verloren gegeben zu haben. Als dem Nachfolger des Zosimus, Bonifazius, in der Person des Eulalius ein Gegenpapst entgegengestellt wurde, kehrte er nach Rom zurück, in der Hoffnung, aus der entstandenen Verwirrung Nutzen zu ziehen. Aber Eulalius wurde vom Kaiser in die Verbannung geschickt, die Strafbestimmungen gegen die Häretiker wurden mehrmals in Erinnerung gebracht, und von 421 an verschwindet auch von Zälestius jede Spur. In abgeschwächter Form, als sogenannter Semipelagianismus, erhielt sich die Irrlehre noch längere Zeit, namentlich in Gallien und Britannien. Im folgenden soll nur noch kurz von den Bemühungen Augustins die Rede sein, durch seine Abhandlungen und Kontroversschriften der kirchlichen Lehre zum Siege zu verhelfen.

Zuvor ist schon daran erinnert worden, daß Augustin in den Ausführungen, zu denen ihm die Neuerung des Pelagius den Anlaß bot, nicht nur seine außerordentliche spekulative Begabung und das reiche theologische Wissen verwertete, das er sich in mehr als zwanzigjährigem Studium angeeignet hatte, sondern daß er vor allem auch die Erfahrungen seines eigenen inneren Lebens mitbrachte. ‚Nirgendwo‘, ist neuerdings von ihm gesagt worden, ‚spricht er überzeugter, schlichter und großartiger, als wo er die Gnade preist, die den Menschen aus dem Sündenstande herausreißt.‘

Von überwiegend historischem oder, wenn man will, juristischem Karakter ist das Buch ‚Ueber die Verhandlungen mit Pelagius‘, worin Augustin die Vorgänge auf dem Konzil von Diospolis einer genauen Prüfung unterzieht, um zu zeigen, daß damals nicht die Häresie, sondern nur die Häretiker freigesprochen wurden. Eine Spitze gegen die pelagianische Lehre enthält die an einen gewissen Dardanus gerichtete Abhandlung ‚Ueber die Gegenwart Gottes‘ und mit großer Ausführlichkeit und dogmatischer Bestimmtheit spricht er über dieselbe in einem um jene Zeit geschriebenen Briefe an Paulinus von Nola. — Zu denen, die durch des Pelagius strengen Wandel und seine zweideutigen Aussprüche getäuscht worden waren, hatte auch der bei früherem Anlaß erwähnte Pinianus mit seiner Gattin Melania und seiner Schwiegermutter Albina gehört, die, wie es scheint, in Palästina mit demselben zusammengetroffen waren. Immerhin hatten diese geglaubt, Augustins Meinung einholen zu sollen. Er entwickelte sie ihnen in den beiden Abhandlungen über die Gnade Christi und über die Erbsünde.

Wie sehr die Häresie den innersten Lebensnerv des Christentums traf, und wie durch den Angriff auf die Gnade eine Reihe von Lehrbestimmungen mit betroffen werden mußte, ist gleich anfangs angedeutet worden. So kam es, daß nicht nur die eigentlichen Streitpunkte, sondern auch andere, mehr oder minder enge damit zusammenhängende Fragen Augustin zur Entscheidung vorgelegt

Abb. 42 · Benozzo Gozzoli · Augustinus in der Ekstase

wurden. Um das Jahr 418 wünschte der Bischof Optatus seine Ansicht über den Ursprung der Menschenseele zu erfahren. Augustinus, der hierüber bis zuletzt zu einer sicheren Meinung nicht gelangte, machte in seiner Antwort hieraus kein Hehl und hielt nur dafür, daß man sich hüten müsse, durch die eine oder andere Erklärungsweise das Dogma von der Erbsünde in Frage zu stellen. Den gleichen Gegenstand behandelte er kurz danach in einem besonderen, vier Bücher umfassenden Werke. Eine andere Frage legte ihm ein hoher Staatsbeamter, Valerius, vor, der sich wie viele Laien in der damaligen Zeit lebhaft für theologische Fragen interessierte. Den Manichäern gegenüber hatte Augustinus früher immer wieder darauf hingewiesen, daß alles aus Gottes Hand hervorgegangene gut sei. Fiel er nun nicht aber selbst in den Irrtum der Manichäer zurück, wenn er gegen die Pelagianer die Verderbtheit der menschlichen Natur behauptete? Und wie weit reicht diese Verderbnis? Ist etwa alles körperliche Leben davon betroffen? Und wenn die Sünde des ersten Elternpaares sich fortsetzt von Geschlecht zu Geschlecht, wie steht es dann mit der Ehe? Hatten die Pelagianer Recht mit dem Vorwurfe, daß Augustinus durch seine Theorie von der Vererbung der Sünde die Ehe verdamme? Er hätte darauf verweisen können, daß er im Gegenteile schon vor zwanzig Jahren das christliche Institut der Ehe gegen die Angriffe verteidigt habe, welche Jovinian und sein Anhang vom Standpunkte einer falschen Askese aus dagegen zu richten pflegten. Aber die jetzt in anderem Zusammenhange aufgetretenen Zweifel und Bedenken bewogen ihn, den Gegenstand nochmals in zwei aufeinanderfolgenden Abhandlungen zu erörtern.

Den Vorwurf des Manichäismus hatte insbesondere Julianus von Eklanum erhoben. Bis zuletzt blieb dieser sein Hauptgegner. Zunächst veranlaßten ihn zwei von demselben herrührende Briefe, welche Papst Bonifazius ihm zugesandt hatte, zu einer Gegenschrift. Dann stellte er einem vierbändigen Werke Julians ein solches von sechs Büchern gegenüber, und als dieser hierauf in einem acht Bücher umfassenden antwortete, begann Augustin eine nochmalige Widerlegung, an deren Vollendung ihn jedoch der Tod verhinderte. Besonders wertvoll sind sodann verschiedene Abhandlungen, in welchen er die Lösung von Schwierigkeiten und Bedenken unternahm, die ihm aus befreundeten Kreisen gegen seine Lehre von Gnade und Vorherbestimmung entgegengebracht wurden. So die beiden an die Mönche von Hadrumetum gerichteten, über ‚Gnade und Willensfreiheit' und über ‚Zurechtweisung und Gnade', sowie zwei andere zur Belehrung und Beruhigung gallischer Mönche, über ‚die Vorherbestimmung der Heiligen' und über ‚die Gnade der Beharrlichkeit'. Namentlich das kleine, unter den an die afrikanischen Mönche gerichteten an zweiter Stelle genannte Buch ist zum Verständnis der augustinischen Gedanken von großer Bedeutung.

Das donatistische Schisma hatte nach Veranlassung und Verlauf nur die Kirche von Afrika angegangen. Anders der Pelagianismus. Die Ueberlegenheit, mit welcher Augustinus in den Streit um die Gnade eingriff, hatte alsbald die Augen der ganzen katholischen Welt auf ihn gerichtet. Er galt, wie ein Zeitgenosse sagt, als der vorzüglichste Hort des Glaubens. Und jetzt endlich hatte auch Hieronymus den alten Groll aufgegeben und sprach voller Bewunderung von den Schriften des Bischofs von Hippo.

*

Ein eigentümliches Verhängnis hatte lange Zeit über den Beziehungen der beiden Männer gewaltet. Hieronymus hatte im Jahr 386 Rom im Unmute verlassen und sich nach Bethlehem zurückgezogen, wo er vorzüglich mit biblischen Studien beschäftigt war. Dort hatte ihn sieben oder acht Jahre später Alypius auf einer seiner großen Reisen aufgesucht und ihm bei dieser Gelegenheit vieles von Augustin erzählt. So glaubte dieser des Hieronymus freundschaftliche Gesinnung voraussetzen zu dürfen, und als im Jahre 394 oder 395 einer seiner Schüler, Profuturus, nach Palästina zu reisen beabsichtigte, gab er diesem einen Empfehlungsbrief an den hochangesehenen Gelehrten mit. Um es nicht bei bloßen Förmlichkeiten bewenden zu lassen, sondern dem Briefe einen Inhalt zu geben, brachte er darin einige Punkte zur Sprache, von denen er annahm, daß sie für beide Teile von Interesse sein konnten, darunter namentlich eine Stelle im Briefe des Apostels Paulus an die Galater, mit deren Auslegung durch Hieronymus er sich nicht befreunden konnte. Es handelte sich dabei zuletzt um die Frage, ob man einem Apostel zutrauen dürfe, daß er sich in wohlgemeinter Absicht einer Lüge bedient habe. Augustinus dachte in dieser Beziehung sehr strenge, wie zwei ‚über die Lüge‘ handelnde Schriften beweisen, deren eine er kurz nach dem Briefe an Hieronymus und mit deutlicher Bezugnahme auf die Erklärung jener Bibelstelle verfaßte, während die andere in das Jahr 420 fällt und durch eine aus Spanien kommende Anfrage veranlaßt war. Dort nämlich hatte die Sekte der Priszillianisten Verbreitung gefunden, aber im geheimen, so daß ihr schwer beizukommen war. Ihre Anhänger scheuten vor Verstellung und Meineid nicht zurück, um sich der Verfolgung zu entziehen, und ein Polizeibeamter, Konsentius, fragte bei Augustin an, ob er etwa, um sie auszukundschaften, sich gleichfalls der Verstellung bedienen dürfe, was dieser auf das entschiedenste verurteilte. Jener Brief nun an Hieronymus erreichte seine Bestimmung nicht, da der zum Bischof von Zirta erhobene Profuturus die geplante Reise aufgeben mußte. Dagegen war dem ersteren, wir wissen nicht durch wen, ein Gruß von Augustinus zugekommen, den er mit einem Briefe beantwortet hatte. Bald danach hatte er einen seiner Freunde mit einem Empfehlungsschreiben zu diesem geschickt, der inzwischen Bischof von Hippo geworden war. Nun schrieb auch Augustinus wieder und kam in diesem zweiten Brief abermals auf die exegetische Streitfrage zurück. Im Vertrauen auf die, wie er meinte, enger geknüpften Bande forderte er den Freund geradezu auf, seine Auslegung um der möglichen schlimmen Konsequenzen willen zu widerrufen.

Auch dieser Brief wurde Hieronymus nicht übergeben; ein gewisser Paulus, der ihn bestellen sollte, reiste aus Furcht vor dem stürmischen Meere nicht ab, er ließ jedoch ohne Augustins Vorwissen den Brief abschreiben. Die Abschriften verbreiteten sich rasch über Italien und die benachbarten Länder, eine davon kam auf einer Insel des adriatischen Meeres in die Hände des Diakons Sisinnius, der sie zu Hieronymus brachte. Man begreift, daß dieser unangenehm berührt wurde, die Reizbarkeit seines Gemüts steigerte den Eindruck und er verhehlte seinen Aerger nicht. Mißverständnisse und widrige Umstände kamen hinzu und verzögerten eine Versöhnung. Zu Augustin war die Kunde gelangt, Hieronymus beschwere sich über ein Buch, das er gegen ihn geschrieben und nach Rom gesandt habe. Dagegen verwahrte er sich alsbald in einem Briefe, aber nun erblickte Hieronymus hierin nur den Versuch, die Urheberschaft an jenem früheren, durch Abschriften verbreiteten zu verleugnen, und forderte ihn mit scharfen Wendungen auf, sich vielmehr als Verfasser zu bekennen. Noch ehe er Antwort von Augustinus erhalten hatte, schrieb er abermals voller Bitterkeit an ihn und warf ihm kleinliche Ruhmsucht vor, die bemüht sei, durch Herabsetzung anderer sich selbst größeres Ansehen zu verschaffen. Augustin hatte ihm einige seiner Schriften zugeschickt und ihn gebeten, freimütig sein Urteil über dieselben zu äußern. Verächtlich wies er dies mit der Bemerkung ab, daß er sich nicht mit der Lektüre derselben befaßt habe.

Umgekehrt hatte auch Augustin, ehe ihm des Hieronymus vorletztes Schreiben zugekommen war, an diesen geschrieben und ihm zugleich Abschriften aller seiner früheren Briefe übersandt. Als er jenes erhalten hatte, antwortete er in einer Weise, welche der Zartheit seines Gefühls, wie der Aufrichtigkeit seiner Gesinnung das schönste Zeugnis gab und zugleich die Ueberlegenheit seines Geistes erkennen ließ. Lieber will er auf jede Kritik verzichten, als den Freund verletzen. Hieronymus war besiegt. Er hatte endlich die sämtlichen für ihn bestimmten Briefe erhalten und ging nun auch, nach neun Jahren, auf jene exegetische Frage ein. Die früher erhobenen Vorwürfe nahm er förmlich zurück. „Ich zweifle nicht", bemerkt er gleich im Eingange, „daß auch du wünschest, es möge in unserem Streite die Wahrheit siegen. Denn du suchst den Ruhm Christi, nicht den deinen; wenn du siegst, werde auch ich siegen, indem ich meinen Irrtum einsehe, und wenn umgekehrt ich siege, so gewinnst auch du, weil die Kinder nicht für die Eltern, sondern die Eltern für die Kinder Schätze sammeln." Hierauf verteidigt er eingehend seine Auffassung der neutestamentlichen Stelle, worauf dann wieder Augustinus in einem längeren Schreiben antwortete. Auf eine sachliche Würdigung der Streitfrage muß hier verzichtet werden. Daß Hieronymus sich dem Gewichte der von Augustinus vorgebrachten Gründe nicht entzog, läßt eine Aeußerung in einem von ihm gegen die Pelagianer gerichteten Buche erkennen. Im Kampfe gegen die Verkleinerer der göttlichen Gnadenwirkung standen die beiden Schulter an Schulter. Im Jahre 415 veranlaßte Augustin den zu ihm nach Hippo gekommenen spanischen Priester Paulus Orosius, zu Hieronymus nach Palästina zu reisen und gab ihm zwei, heute unter den Briefen aufgeführte Abhandlungen mit, über die er die Ansicht desselben zu hören wünschte, die eine über den Ursprung der Seele, die andere über eine Stelle im Jakobusbriefe. Hieronymus nahm dies günstig auf, wollte indessen auf die ihm vorgelegten Fragen nicht eingehen, da es nicht im Interesse der Kirche liege, die beiden Männer, wenn auch in einer untergeordneten Frage, geteilter Meinung zu sehen. In dem Briefe, den er dem zurückkehrenden Orosius mitgab, versichert er Augustin seiner Liebe und Verehrung und verweist auf seinen Dialog gegen die Pelagianer, wo er dem deutlich Ausdruck gegeben habe. In der That erwähnt er dort mit großem Lobe Augustins Abhandlungen gegen die gleichen Häretiker, soweit sie ihm bis dahin zu Gesicht gekommen waren, und erklärt, mit Rücksicht auf dieselben seine eigene Arbeit beenden zu wollen. Aus Rücksicht auf den Freund glaubte nun auch Augustin jene beiden Abhandlungen, so lange derselbe lebte, nicht veröffentlichen zu sollen. Hieronymus war vollkommen ausgesöhnt. Im Jahre 418 schrieb er an Augustin: „Heil deiner Tüchtigkeit! Auf dem Erdkreise wirst du gefeiert. Die Katholiken erkennen und verehren in dir den Wiederhersteller des alten Glaubens und, was ein Zeichen noch größeren Ruhmes ist, alle Häretiker verabscheuen dich, wie sie mich mit gleichem Hasse verfolgen." Die nämliche Gesinnung spricht er in einem 419, ein Jahr vor seinem Tode, geschriebenen Briefe aus. Gerne schließt man sich dem Worte Möhlers an: „Auch große Männer können Streit anfangen, aber nur große werden ihn so endigen; das erste teilen sie mit jedermann, das zweite nur mit sich selbst."

*

In seinen letzten Lebensjahren war Augustin genötigt, gegen eine Häresie aufzutreten, von welcher die afrikanische Kirche bisher nicht zu leiden gehabt hatte, den Arianismus. Daß derselbe jetzt dort Vertreter fand, hing mit den politischen Ereignissen zusammen, von denen sogleich die Rede sein muß, mit dem Vordringen der dem Arianismus huldigenden germanischen Völker. Im Jahr 418 verhandelte er in Hippo vor einer zahlreichen Zuhörerschaft mit einem gewissen Maximinus, der sich zu dem gemäßigten Arianismus der Synode von Rimini vom Jahre 359 bekannte. Mit einem glücklichen Gedächtnisse begabt, erging sich dieser in unaufhörlichen Zitaten und schien, wie Augustinus bemerkt, das ganze Evangelium hersagen zu wollen. So kam man an kein Ende, zumal er sich weigerte, die Disputation am nächsten Tage fortzusetzen, da er nach Karthago zurückreisen müsse. Dort prahlte er mit dem angeblich in Hippo erfochtenen Siege, so daß sich Augustinus veranlaßt sah, nicht nur in einer Predigt dagegen Einspruch zu erheben, sondern ein Werk in zwei Büchern zur Widerlegung herauszugeben. Ueber ein anderes Religionsgespräch, welches in Karthago stattfand und wobei der Arianer Paszentius eine wenig rühmliche Rolle spielte, berichten Possidius und Augustinus selbst in ihren Briefen.

Seit dem Tage, da er zum Priester in Hippo geweiht worden war, hatte er im Kampfe gegen Schisma und Häresie in der vordersten Reihe gestanden, unermüdlich hatte er dem Volke gepredigt, die litterarische Verteidigung der Kirchenlehre war ihm nahezu allein zugefallen, eine überaus große Menge von Schriften, zum Teil von beträchtlicher Ausdehnung, war in Erfüllung dieser Aufgabe seiner Feder entflossen, aber der Umfang seiner Thätigkeit ist damit nicht erschöpft. Die Leistungsfähigkeit, das Wissen und Können des einen Mannes ist staunenswert. Seine geistige Ueberlegenheit hatte ihn nicht nur von jeher zum Mittelpunkte des Kreises gemacht, in welchem er sich bewegte; man wußte es garnicht anders, als daß ihm jeder, ob persönlich bekannt oder nicht, die Fragen vorlegte, die er selbst nicht zu lösen vermochte. Heutzutage suchen wir in Büchern nach, in früheren Zeiten wandte man sich an hervorragende Männer. Das gab dem geistigen Leben eine persönliche Färbung, aber es stellte an die einzelnen Anforderungen, vor denen die heutigen Gelehrten zurückschrecken würden. Und mit dem wachsenden Ansehen vermehrte sich naturgemäß die Zahl der Fragesteller.

Schon bald nach seiner Bekehrung hatte Augustin die Gewohnheit angenommen, den Freunden, die ihn, wenn er Muße hatte, mit ihren Fragen angingen, die Antworten zu diktieren und für Aufbewahrung des Niedergeschriebenen Sorge zu tragen. Später, als Bischof, stellte er dasselbe in einem Buche zusammen, dem er die Aufschrift gab „Ueber dreiundachtzig Fragen". In bunter Reihe werden darin philosophische und theologische Gegenstände behandelt; unter den letzteren nimmt namentlich die Auslegung biblischer Stellen einen breiten Raum ein. Einer der ersten, der sich aus der Ferne an ihn um Auskunft wandte, war Simplizianus, seit dem am 4. April 397 erfolgten Tode des großen Ambrosius, Bischof von Mailand. Ihn hatte Augustin in der Zeit seiner größten geistigen Kämpfe um Rat gefragt, und wenn auch über eine engere Verbindung der beiden Männer nichts bekannt ist, so wird man doch sicherlich annehmen dürfen, daß Simplizian mit Interesse der weiteren Entwicklung des hervorragenden Konvertiten gefolgt war. Seine Anfragen bezogen sich auf den Römerbrief und die Bücher der Könige. Augustinus meinte bescheiden, daß es ihm bei denselben nicht so sehr darauf angekommen sei, zu lernen, was er zuvor nicht gewußt habe, als vielmehr festzustellen, wie weit der ehemalige Lehrer der Beredtsamkeit in der heiligen Wissenschaft fortgeschritten sei. Er antwortete ihm in zwei Büchern,

Abb. 43 · Kapitol von Sbeilla

welche mit dem Namen des Fragestellers bezeichnet sind. Wenige Jahre später wünschte ein gewisser Januarius von dem ‚berühmten Lehrer, dem nichts entgehe', Aufklärung darüber zu erhalten, warum die kirchlichen Gebräuche, namentlich der des Fastens, nicht an allen Orten die gleichen seien. Augustinus verwahrte sich gegen die Anrede, die ihn geschmerzt habe, antwortete aber auch jetzt wieder in zwei Büchern. Von ganz anderer Art war das Anliegen, welches ihm gegen Ende seines Lebens ein jugendlicher Gelehrter, Dioskorus, vortrug. Derselbe erbat Aufschluß über einige ihm unverständlich gebliebene Stellen in den Schriften Ciceros. Augustin war überrascht, daß man ihm, der von ganz anderen Sorgen heimgesucht und fast erdrückt war, mit Dingen kam, die längst seinem Interessenkreise entschwunden waren, auch ermahnt er den jungen Mann, sich wichtigeren Gegenständen zuzuwenden, dann aber kann er es doch nicht übers Herz bringen, die Bitte abzuschlagen, und geht auf die ihm vorgelegten Fragen ein. Es ist weder notwendig noch auch an dieser Stelle möglich, alle Fälle dieser Art aufzuzählen. Jetzt unterbreitet ihm ein Einsiedler eine von ihm ausgedachte konfuse Theologie, in der Gott als ein unermeßliches Lichtwesen erscheint, und ein andermal fragt Paulinus von Nola bei ihm an, welchen Wert es habe, die Toten in der Nähe der Martyrer zu bestatten und gibt ihm dadurch Anlaß zu einer längeren Abhandlung. Acht Fragen, die ihm ein höherer kaiserlicher Beamter, Dulzitius, vorlegt, kann er der Hauptsache nach durch Auszüge aus seinen früheren Schriften beantworten, als ihn aber der Bruder des genannten, Laurentius, um ein Werk bat, das nicht mehr und nicht weniger enthalten sollte, als den Inbegriff der kirchlichen Lehre und die Summe der christlichen Lebensweisheit, verfaßte er für ihn das Handbüchlein ‚Von Glaube, Liebe und Hoffnung'; als die einzige von ihm herrührende systematische Darstellung des katholischen Dogmas ist dasselbe von besonderem Werte. Da er schon vierundsiebzig Jahre zählte und von Anstrengungen und Krankheit gebeugt war, drang ein Diakon der Kirche von Karthago, Quodvultdeus mit Namen, in ihn und ließ nicht ab mit Bitten, er möge eine Darstellung der sämtlichen von der Gründung der Kirche an aufgetretenen Häresien unternehmen und damit die Widerlegung der einzelnen verbinden. Augustin hatte Gründe genug, die neue Aufgabe abzulehnen, aber der Zähigkeit des Bittstellers konnten sie nicht standhalten. In der That legte er Hand an die Ausführung, konnte sie aber nicht seiner Absicht gemäß zu Ende bringen.

Aber nicht alle seine Werke sind Gelegenheitsschriften, sodaß sie, wie die bisher besprochenen, einer bestimmten äußeren Veranlassung ihre Entstehung verdankten. Er fand noch Muße, in den früheren Jahren allerdings mehr wie später, sich auch ohne eine solche nach eigener Wahl schriftstellerisch zu bethätigen. Eine eigenartige Stellung nehmen die im Jahre 400 verfaßten Konfessionen ein. Von ihnen ist wiederholt die Rede gewesen. Neun Bücher davon enthalten die Geschichte seiner geistigen und sittlichen Entwicklung, das zehnte soll zeigen, wie es jetzt, da er es schrieb, mit dem Verfasser stehe. Drei weitere Bücher enthalten Betrachtungen über den Mosaischen Schöpfungsbericht. In der Regel aber war für ihn der Wunsch bestimmend, auf irgend einem Gebiete der Heilsgeschichte zu größerer Klarheit zu gelangen und die gewonnene sodann auch anderen mitzuteilen. Als er in Hippo zum Priester erwählt worden war, bat er in einem Briefe, der von dem ganzen Ernste seiner Gesinnung Zeugnis ablegt, den Bischof Valerius aufs inständigste, daß er ihm Zeit lassen möge, um sich durch das Studium der h. Schrift auf das neue Amt vorzubereiten. Wir wissen nicht, ob und in welcher Weise Valerius der Bitte willfahrt hat, sicher aber ist, daß Augustin sich mit dem größten Eifer diesem Studium hingab. Zu wiederholten Malen beschäftigte ihn das erste Buch Moses. Eines gegen die Manichäer gerichteten Versuchs, dasselbe mit Zuhilfenahme allegorischer Deutung zu erklären, wurde früher gedacht. Noch in den Jahren seines Presbyterats versuchte er sich sodann an einer den Wortsinn festhaltenden Auslegung, fand aber, daß seine Kräfte dazu nicht ausreichten, und ließ das Werk unvollendet. Viele Jahre später kam er nochmals darauf zurück und verfaßte in der Zeit von 401 bis 415 zwölf Bücher, in denen er im engsten Anschlusse an den Text den Anfang der Genesis bis zur Austreibung aus dem Paradiese erläutert. Auch jetzt aber gesteht er, an vielen Punkten die Wahrheit mehr gesucht als gefunden zu haben, und auch da, wo er sie zu besitzen glaubt, will er seine Auffassung schwieriger Stellen doch nicht für die zweifellos gewisse ausgeben. Eine große Vorliebe besaß er sodann von der Zeit seiner Bekehrung her für die Psalmen Davids. Viele darunter hatte er im Laufe der Jahre zum Gegenstand seiner Predigten gemacht, die übrigen bearbeitete er schriftlich, bis etwa im Jahre 415 die Erklärung der sämtlichen vorlag. Aus seinen Briefen geht hervor, daß ihm dieses Werk ganz besonders am Herzen lag. Wichtiger noch hatten sich ihm in der Entwicklung seines inneren Lebens die Briefe des Apostels Paulus erwiesen. Sie sind zeitlebens seine liebste Lektüre geblieben. Welchen Wert die Zeitgenossen auf seine exegetischen Werke legten, zeigt sich darin, daß zwei afrikanische Konzilien, eines zu Karthago und eines zu Mileve, ihm noch im Jahre 416 den dringenden Wunsch unterbreiteten, mit denselben fortzufahren. Die aus dem Jahre 393 stammende Erörterung einiger Stellen des Römerbriefs hat darum ein besonderes Interesse, weil sich die Anhänger des Pelagius gern auf dieses Buch beriefen, und Augustin selbst es für nötig hielt, eine darin geäußerte Meinung später richtig zu stellen.

In einem der früher erwähnten Briefe an Hieronymus sagt Augustin: „Ich gestehe es Dir, ich habe nur jene Schriften, die wir die kanonischen nennen, so zu verehren und hochzuschätzen gelernt, daß ich fest glaube, keiner der Verfasser derselben habe irgend einen Irrtum beim Niederschreiben begangen. Wenn ich in diesen Schriften auf eine Stelle stoße, die der Wahrheit entgegen zu sein scheint, dann trage ich kein Bedenken, anzunehmen, daß entweder die Lesart unrichtig sei, oder daß der Uebersetzer den Sinn nicht gefaßt habe, oder daß ich sie nicht verstehe. Die andern Schriftsteller aber lese ich so, daß, so sehr sie sich auch durch Heiligkeit und Gelehrsamkeit auszeichnen, ich nicht etwas für wahr halte, weil sie es so dachten, sondern, wenn sie mir entweder durch jene kanonischen Schriftsteller oder durch annehmbare Gründe beweisen, daß es der Wahrheit nicht entgegen sei". Die Unterscheidung ist interessant; eine bindende Autorität will Augustin jeder überlieferten theologischen Meinung und ihren Vertretern nicht zugestehen. Nur darf man daraus nicht schließen, daß er sich nicht eingehend mit der ihm vorangegangenen patristischen Litteratur beschäftigt hätte. Wie er die Schriften des Ambrosius und Hieronymus kannte, so ohne Zweifel auch die Cyprians und Tertullians. Und auch von den umfassenden und bedeutsamen Arbeiten der griechischen Väter wird man nicht annehmen dürfen, daß sie ihm nur durch Vermittlung des in ihnen wohlbewanderten Mailänder Bischofs bekannt geworden seien. Sicher hatte er auch von ihnen vieles gelesen, wenngleich zu seiner Zeit die Beziehungen zum Orient sich gelockert hatten und die griechische Sprache nicht mehr, wie anderthalb Jahrhunderte früher, allen Gebildeten geläufig war.

Eben diesem Umstande verdanken wir Augustins größtes dogmatisches Werk, die fünfzehn Bücher ‚über die Trinität'. Seiner eigenen Angabe gemäß hat er dasselbe als Jüngling begonnen, etwa um 395, und als Greis vollendet. Er stellte die Arbeit daran jedesmal zurück, wenn eine Aufgabe an ihn herantrat, deren Erfüllung ihm für den Augenblick wichtiger erschien, und er würde sie überhaupt nicht begonnen haben, wenn sich ein ähnliches Werk in der lateinischen Litteratur vorgefunden hätte oder Uebersetzungen der Griechen vorhanden gewesen wären. Man wußte längst, daß er daran arbeite, er hielt jedoch die einzelnen Bücher zurück und gedachte erst das Ganze nach wiederholter Durchsicht zu veröffentlichen. Dies scheint einigen, die sich ganz besonders dafür interessierten, zu lange gedauert zu haben, und sie wußten sich, als er das zwölfte Buch noch nicht vollendet hatte und die sämtlichen noch der Revision bedürftig hielt, ein Exemplar zu verschaffen, das sie abschreiben ließen. Unwillig hierüber dachte er zuerst daran, das Werk nicht fortzusetzen, entschloß sich dann aber doch auf Bitten der Freunde dazu. Die beabsichtigte Revision schränkte er ein, damit die von ihm selbst veranlaßte Ausgabe nicht zu sehr von dem gegen seinen Willen veröffentlichten Texte abweiche. Die Vollendung des Ganzen erfolgte erst nach 416. Nachdem in den sieben ersten Büchern die biblische Grundlage der Trinitätslehre nach allen Seiten zur Erörterung gelangt und die Auslegung der Häretiker zurückgewiesen ist, wollen die folgenden das Geheimnis dem Verständnisse näher bringen, insbesondere auch durch Aufzeigung von Spuren in der geschaffenen Welt, namentlich in der Seele des Menschen. Man hat das Werk eine schöpferische That genannt, und sicher ist, daß Augustinus nichts vorbringt, was er nicht selbständig durchgedacht hätte. Aber abgesehen davon, daß er doch nur die Lehre der Kirche vortragen will, erklärt er gleich zu Anfang ausdrücklich, daß er bemüht war, sich mit den Schriftstellern bekannt zu machen, die vor ihm darüber geschrieben hatten.

Die Absicht konnte hier nicht sein, Augustins theologische Schriften vollzählig aufzuführen. Einiges, was absichtlich übergangen wurde, wird alsbald in anderem Zusammenhange zur Sprache kommen. Drei Jahre vor seinem Tode faßte er den Entschluß, seine ganze ausgedehnte schriftstellerische Thätigkeit einer Durchsicht zu unterwerfen. Er berichtet darüber in einem eigenen Werke, den zwei Büchern der ‚Retraktationen‘, welche für uns von unschätzbarem Werte sind durch die Angaben, die sie in betreff der chronologischen Reihenfolge und der für die Abfassung der einzelnen bestimmenden Motive enthalten. Im ganzen werden dreiundneunzig Werke in zweihundertzweiunddreißig Büchern aufgezählt. Bei der Beurteilung der früheren macht sich naturgemäß der durch die eigene Entwicklung des Verfassers bedingte veränderte Maßstab geltend; aber ‚zurückzunehmen‘ hatte er nur ganz wenig. Dies sollte auch nicht durch die gewählte Ueberschrift angedeutet werden, welche nur ein nochmaliges Vornehmen besagt. Auch auf die Briefe und die nachgeschriebenen Predigten sollte sich dasselbe erstrecken, hierzu kam es indessen nicht. Ebenso sind die nach 427 abgefaßten Traktate nicht mehr aufgezählt.

Das Ende des Heidentums und der Untergang des weströmischen Reichs · Augustins Werk vom Gottesstaat

Während Augustin durch das Licht, das von seinen Predigten und Schriften ausging, nicht nur die afrikanische, sondern die gesamte Kirche des Abendlandes erleuchtete, gestalteten sich die politischen Verhältnisse und die Lage des Reichs immer trostloser. Es zeigte sich, daß auch Männer von so hervorragenden Herrschergaben wie Theodosius den Verfall nicht auf die Dauer hintanhalten konnten. Als dieser nach längerem Aufenthalt in Italien nach Konstantinopel zurückkehrte, ließ er seinem jungen Schwager Valentinian II den Franken Arbogast als Stütze zurück, der nicht nur als ausgezeichneter Feldherr, sondern auch seiner Uneigennützigkeit wegen gerühmt wurde. Aber das gute Verhältnis zwischen diesen beiden dauerte nur so lange, als sich Valentinian willenlos von dem Barbaren leiten ließ. Sobald seine Selbständigkeit erwachte, konnten Konflikte nicht ausbleiben. In Gallien, wohin er sich auf Veranlassung Arbogasts begeben hatte, kam es zu offenem Bruch. Der Kaiser kündigte dem lästigen Vormund seine Entlassung an, dieser aber erklärte, daß Valentinian ihm ein Amt nicht nehmen könne, das er ihm nicht verliehen habe. Nun schickte der Kaiser sich an, nach Mailand zu gehen, aber noch ehe er den Vorsatz hatte zur Ausführung bringen können, fand man den Unglücklichen in Vienne, wo der Hof sich aufgehalten hatte, an dem Ufer der Rhone an einem Baume aufgeknüpft, am 15. Mai 392. Vergeblich hatte er gehofft, daß Ambrosius zu ihm kommen und ihn durch das Gewicht seiner Persönlichkeit unterstützen werde. Als der Bischof sich endlich aufmachte, war es zu spät. Noch bevor er den Fuß der Alpen erreicht hatte, traf er mit dem Zuge zusammen, welcher die Leiche Valentinians nach Mailand geleitete. Unter allgemeinem Wehklagen kehrte er mit ihr in die Stadt zurück. Niemand war zweifelhaft, wer Urheber des Mordes sei. Arbogast wagte nicht, sich selbst zum Kaiser ausrufen zu lassen, doch fand er keinen Widerspruch, als er statt seiner einen ehemaligen Rhetor, Eugenius, der bis dahin ein Amt am Hofe versehen hatte, mit dem Diadem bekleidete. Arbogast war Heide, Eugenius ein lauer Christ. Noch einmal glaubte die heidnische Partei im Reiche, Hoffnung schöpfen zu können.

Seit dem Jahre 381 war eine Reihe von Gesetzen gegen die alte Religion erlassen worden, aber erst Valentinian II holte zu einem entscheidenden Schlage aus. Ein aus Mailand im Jahre 391 erlassenes Gesetz verbot unter namhaften Geldstrafen Opfer jeder Art, das Betreten der Tempel und die Verehrung der Götterbilder. Trotzdem hatte die heidnische Senatorenpartei nochmals eine Deputation entsandt, welche die Wiederaufstellung jenes Standbildes der Viktoria erwirken sollte. Sie wurde nicht vorgelassen. Im folgenden Jahre bestätigte und verschärfte Theodosius das von Valentinian erlassene Gesetz. Als aber im Jahre 393 Arbogast und Eugenius in Italien eingerückt waren, erklärte sich Nikomachus Flavianus, einer der Häupter jener Partei und neben Symmachus der angesehenste Mann im damaligen Rom, den auch Theodosius mit hohen Ehrenstellen ausgezeichnet hatte, offen für den Usurpator. Er ließ die Tempel öffnen, den Altar der Viktoria im Senatssaale aufstellen und versuchte mit allen Mitteln den heidnischen Kultus zu neuem Leben zu erwecken. Es war nur ein letztes Aufflackern. Als Theodosius im September 394 in der Nähe von Aquileja nach blutigem Ringen den Sieg davon getragen hatte, Eugen getötet worden und Arbogast durch eigene Hand ums Leben gekommen war, bedeutete dies für Rom das Ende des Heidentums. Jetzt konnte Hieronymus schreiben, daß das Kapitol verödet sei, Staub die Vergoldungen bedecke und nur die Eulen den Göttern in ihren Nischen Gesellschaft leisteten.

Am 17. Januar 395 starb Kaiser Theodosius. Ihm folgte im Orient Arkadius, der ältere seiner beiden Söhne, im Occident der zehnjährige Honorius. Für Arkadius leitete der verschlagene Rufinus die Geschäfte, der schon unter Theodosius seinen schlimmen Einfluß hatte geltend machen können. Honorius stand unter der Vormundschaft des Stilicho, der letzten großen Heldengestalt im Lager der Römer, Abkömmling einer seit langem in Pannonien angesiedelten, vandalischen Familie, ein ausgezeichneter Offizier und besonderer Liebling des Theodosius, der ihn mit Serena, seiner Nichte und Adoptivtochter verheiratet hatte. Auch jetzt war eine wirkliche Teilung des Reiches sowenig beabsichtigt, wie damals als Valentinian I seinen Bruder Valens zum Mitregenten ernannte oder Gratian Theodosius berief. Die beiden Kaiser galten als gemeinsame Träger des Imperiums, das sie nur in getrennten Gebieten verwalteten. Nun aber sollte die Fiktion nicht mehr länger Bestand behalten. Die Eifersucht der leitenden Staatsmänner brachte es zuwege, daß die beiden Reichshälften in zwei einander fremd und feindlich gegenüberstehende Staaten auseinanderfielen.

Energisch ging Arkadius gegen das Heidentum vor. Noch im Jahre 395 erneuert er die von seinem Vater erlassenen Gesetze, im folgenden Jahre entzieht er den heidnischen Priestern den letzten Rest ihrer ehemaligen Privilegien, 399 befiehlt er die Tempel auf dem Lande zu zerstören, überall wo dies ohne Störung der Ordnung geschehen könne. Im Abendlande wurde einstweilen ein langsameres Tempo beliebt. Ein Gesetz vom Jahr 399 erneuerte das Verbot der Opfer, verlangte aber zugleich Schonung des bildnerischen Schmucks der öffentlichen Gebäude und entzog dadurch zahlreiche Kunstwerke der Vernichtung. Besonders zähe war, wie es scheint, das Heidentum in Nordafrika eingewurzelt, wo die römische Aristokratie, darunter Symmachus, ihre ausgedehnten Besitzungen hatte. Unter römischen Namen wurden die alten phönizischen Gottheiten verehrt, Baal als Saturn und die mit der sidonischen Astarte identische Tanit als Zälestis. Namentlich die letztere stand in hohem Ansehen, selbst Christen verschmähten es nicht, gelegentlich ihre

Statuen; wichtiger sei es, die Götzenbilder aus den Herzen zu entfernen. Wenn er an anderen Stellen seiner Freude über erfolgte Zerstörung Ausdruck gibt, so liegt darin kein Widerspruch. Auch er will alles beseitigt wissen, was an den Dienst der falschen Götter erinnert, nur verlangt er, daß dies in reiner Absicht geschehe, und nicht der zur Schau getragene heilige Eifer den Deckmantel für eigensüchtige Bestrebungen abgebe.

Ein neues Gesetz des Kaisers Honorius aus dem Ende des Jahres 407 ging völlig radikal zu Werk; es verlangte ausdrücklich, daß überall die Statuen von ihren Plätzen heruntergenommen, die Tempel zu profanen Zwecken ver-

Abb. 44 · Minervatempel von Tebessa

Hilfe anzurufen. Zwar wurde infolge der Gesetze von 391 und 392 ihr prachtvoller Tempel in Karthago geschlossen, aber der Kultus hörte damit noch nicht auf. In einem Briefe an die Bürger von Madaura vom Jahre 395 klagt Augustin, daß die falschen Götter nicht nur in ihren Tempeln, sondern auch in ihren Herzen aufgerichtet stünden, und sie noch immer den heilbringenden Namen Christi zurückwiesen. Drei Jahre später wandte er sich in Karthago in einer Predigt gegen Christen, die, um heidnischen Großen gefällig zu sein, diese zu ihren Tempeln geleiteten, an den Opferschmäusen teilnahmen und sich wohl gar zu christusfeindlichen Reden verführen ließen. Gleichzeitig aber warnte er vor widerrechtlicher Zerstörung von Tempeln und

wendet, die Altäre umgestürzt würden. Die Ausführung wurde mit allen Vollmachten in die Hände der Bischöfe gelegt, trotzalledem, ja vielleicht als Reaktion gegen jene drakonische Maßregeln, feierten im Sommer 408 in Kalama die Heiden eines ihrer Feste in hergebrachter tumultuarischer Weise, tanzten auf den Straßen bis vor den Thüren der christlichen Kirchen und störten den Gottesdienst. Dem Versuche der Priester, den Unordnungen zu steuern, antwortete ein Hagel von Steinen. In der Woche darauf erneuerten sich die Unruhen in verstärktem Maße; es kam zu Plünderung, Brandstiftung und Gewaltthat. Vergebens rief man von christlicher Seite den Schutz der Behörden an, diese rührten sich nicht. Daß solche

Passivität nichts seltenes war, zeigen die wiederholten, den kaiserlichen Gesetzen angehängten Drohungen gegen saumselige oder widerspenstige Beamte. Ein ähnlicher Vorgang wie in Kalama hatte sich nicht lange vorher an einem andern Orte abgespielt, wo sechzig Christen umgebracht worden waren. Man ersieht daraus, daß in Afrika die Anhänger der alten Religion noch immer über eine gewisse Macht verfügten. Es gab einen Augenblick, wo auch der kaiserliche Hof glaubte, damit rechnen zu müssen.

Während Stilicho nach dem Tode des Theodosius erfolgreich in Gallien für die Sicherung der Reichsgrenzen eingetreten war, hatten sich auf der Balkanhalbinsel die zahlreich dort unter römischer Herrschaft lebenden Westgothen empört und sich als freies Volk um ihren König Alarich geschart. Vielleicht durch eine Intrigue des Rufinus dazu bewogen, plante dieser einen Einfall in Italien, auf die Kunde aber, daß der eilends vom Rhein zurückgekehrte Stilicho mit einem großen Heere anrücke, schwenkte er südwärts ab und zog der Ostküste des adriatischen Meeres entlang. Er würde trotzdem dem nachrückenden Feldherrn erlegen sein, wenn ihn nicht die Politik des Rufinus gerettet hätte. Kaiser Arkadius befahl Stilicho, die unter seinen Fahnen befindlichen oströmischen Truppen nach Konstantinopel zu schicken, das abendländische Heer aber sofort aus den Grenzen des Ostreichs zu entfernen. Jetzt fiel Alarich in Griechenland ein und richtete dort schreckliche Verheerungen an. Arkadius war ratlos, zumal Rufinus durch einen Gegner aus dem Wege geräumt und an seine Stelle der völlig unfähige Eutropius getreten war. Als Stilicho nochmals seine Hülfe anbot, nahm er sie an, als aber dieser die Gothen, nachdem er sie auf der arkadischen Hochebene zusammengetrieben hatte, durch Aetolien nach Epirus entkommen ließ, wahrscheinlich absichtlich und als Gegenzug gegen die neuerdings von Konstantinopel aus gegen ihn und das Abendland gesponnenen Ränke, befahl ihm der Kaiser, unverzüglich den Peloponnes zu räumen, ließ ihn durch den Senat als Reichsfeind erklären und seine im Osten gelegenen Güter konfiszieren. Mit Alarich wurde Friede geschlossen und den Gothen Epirus und die Küste bis über Dyrrhachium hinaus überlassen. Zwei Jahre nach dem Tode des Theodosius standen sich beide Reichshälften in offener Feindschaft gegenüber, zwischen ihnen und von beiden Seiten umworben Alarich.

Von nun an begnügte sich Stilicho damit, im Westreiche für den schwachen Honorius die Regierung zu führen. Ebenso geschickt als energisch griff er in die innern Verhältnisse ein, machte der Rechtsunsicherheit ein Ende, wehrte den Uebergriffen der Beamten und ließ die vielfach zerfallenen Staatsstraßen wieder herstellen. Den Senat suchte er durch rücksichtsvolles Verhalten für sich zu gewinnen. Um seine Stellung bei dem Kaiser dauernd zu befestigen, vermählte er ihn schon im Jahre 398 mit seiner Tochter Maria. Weit mehr als die Verwaltung nahmen ihn die äußere Politik und kriegerische Verwicklungen in Anspruch. Der Erhebung des Maurenfürsten Gildo ist bereits in anderem Zusammenhange gedacht worden. Dadurch, daß er die Kornzufuhren abschnitt, hatte er Rom und Italien eine Zeit lang in arge Verlegenheit gebracht. Nun drohte weit größere Gefahr von Alarich. Im Herbste des Jahres 401 unternahm derselbe einen neuen Angriff auf Italien. Schon hatten die Gothen die Grenzen überschritten und verbreiteten sich, da sie die feste Stadt Aquileja nicht einnehmen konnten, plündernd und zerstörend durch das venetische Gebiet. Ein furchtbarer Schrecken ging seit der Verheerung Griechenlands dem Namen des Gothenkönigs voraus, ganz Italien zitterte, ein gleiches Schicksal erfahren zu müssen. Stilicho spannte alle Kräfte an. Noch einmal gelang es seiner diplomatischen Geschicklichkeit, die Völker, welche die Alpenländer bedrohten, für den Frieden zu gewinnen, aus Britannien und vom Rheine gingen die Legionen in Eilmärschen nach Italien ab. Im Frühjahr 402 hatten die Gothen bereits die Adda überschritten und bedrohten den kaiserlichen Hof in Mailand. Aber am 6. April — es war das Osterfest — wurden sie von Stilicho bei Pollentia vollständig geschlagen und zum Rückzuge gezwungen. Im folgenden Jahre erneuerte Alarich den Kampf, erlitt aber in der Nähe von Verona eine abermalige Niederlage, sodaß er Italien räumte und sich nach Epirus zurückzog.

Großer Jubel herrschte in Rom. In Begleitung des siegreichen Feldherrn zog der junge Kaiser mit festlichem Gepränge am 1. Januar 404 dort ein; es war der letzte Triumphzug eines römischen Herrschers. Eine Reihe glänzender Siegesfeste folgte. Aber schon ballte sich ein neues Unwetter zusammen. Zu Ende des nämlichen Jahres brach der Ostgothe Rhadagais mit einem gewaltigen Heere in Italien ein. Der Winter verging, ehe sich ihm Stilicho mit Erfolg entgegenstellen konnte. Mittlerweile barg sich der Hof in dem strategisch wichtigen Ravenna, das in seiner sumpfigen Umgebung eine starke natürliche Befestigung besaß. Zahlreiche Städte waren in die Hände der Feinde gefallen, plündernde Horden erschienen bereits südlich von Florenz, als endlich Stilicho mit frischen Truppen anrückte, die Gothen in die Berge bei Fiesole trieb und die in denselben eingeschlossenen vollständig vernichtete. Rhadagais selbst kam mit vielen tausenden seiner Gothen ums Leben. In Rom wurde der letzte Triumphbogen errichtet, zu Ehren des Kaisers, der unthätig in Ravenna gesessen hatte. Die Inschrift verkündigte, daß das Gothenvolk für alle künftigen Zeiten dem Verderben geweiht sei. Stilicho erhielt auf dem Forum eine aus Erz und Silber gefertigte Statue.

Aber unaufhaltsam rückte das Verderben weiter. Um die Gefahr von Italien abzuwenden, hatte Stilicho die Rheinlinie von römischen Legionen entblößt und ihren Schutz den befreundeten Franken übertragen. Jetzt wälzte sich eine neue Völkerwoge heran. In den ersten Januartagen 406 überschritten Alanen und Vandalen die Eisdecke des Rheins. Nach mörderischen Kämpfen mit den Franken ergossen sie sich über das innere Gallien bis nach Aquitanien und richteten drei Jahre lang die furchtbarsten Verheerungen an. Ein Schrei der Wut und des Entsetzens ging durch das Reich, die ohnmächtige Leidenschaft verlangte einen Schuldigen und fand ihn in Stilicho. Vergessen waren alle seine Thaten und Verdienste, jetzt machte man ihn verantwortlich für das Unglück Galliens. Dazu war in Britannien ein untergeordneter Offizier, der aber den verheißungsvollen Namen Konstantin führte, als Usurpator aufgetreten und alsbald mit Erfolg in Gallien vorgegangen. Kaiser Honorius hatte vermutlich schon vorher die Ueberlegenheit seines Feldherrn drückend empfunden. Jetzt gelang es einer Hofpartei, an deren Spitze der Grieche Olympius stand, ihn so völlig gegen denselben einzu-

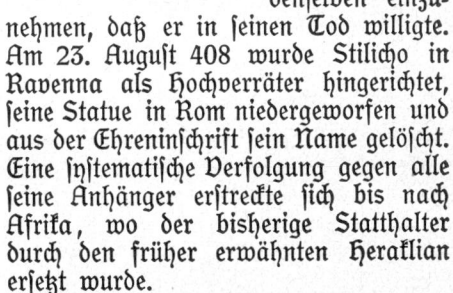

Abb. 45 · Berberisches Grabmal bei Dugga

nehmen, daß er in seinen Tod willigte. Am 23. August 408 wurde Stilicho in Ravenna als Hochverräter hingerichtet, seine Statue in Rom niedergeworfen und aus der Ehreninschrift sein Name gelöscht. Eine systematische Verfolgung gegen alle seine Anhänger erstreckte sich bis nach Afrika, wo der bisherige Statthalter durch den früher erwähnten Heraklian ersetzt wurde.

In dem allmächtigen Ratgeber des Kaisers hatte die heidnische Partei ihren gefährlichsten Gegner erblickt. Seinem Einflusse schrieb man es zu, daß die scharfen Gesetze gegen sie erlassen worden waren. Nach seinem Tode erklärten sie dieselben für hinfällig; an verschiedenen Orten kam es zu Ruhestörungen und förmlichen Verfolgungen der Christen. Eine im Oktober in Karthago versammelte Synode sah sich genötigt, Gesandte an den Hof zu schicken und um wirksamen Schutz zu bitten, zumal die Behörden auch jetzt vielerorten teilnahmlos zugesehen hatten. Ohne den Erfolg dieses Schrittes abzuwarten, schrieb Augustinus, der der Versammlung nicht beigewohnt hatte, an Olympius und beschwor ihn, auf unzweideutige Weise kundzugeben, daß der kaiserliche Wille hinter jenen Gesetzen stehe. In der That erschien noch im Dezember ein Edikt, in welchem Honorius die strenge Durchführung zusicherte. Um so größer war die Ueberraschung, welche das nächste Jahr bringen sollte.

Im Herbst 408 war Alarich abermals mit seinen Gothen eingerückt. Er hatte diesmal einen anderen Weg eingeschlagen und erschien im Spätjahr in der römischen Campagna. Seit den Tagen Hannibals hatte die alte Hauptstadt der Welt keinen außeritalischen Feind in solcher Nähe gesehen. Eine furchtbare Aufregung bemächtigte sich der Bewohner, und da Alarich die Zufuhren abschnitt, begann auch der Hunger sich fühlbar zu machen. Von Honorius, der in dem festen Ravenna saß, war keine Hilfe zu erwarten, da gelang es dem Senat die Gothen gegen Zahlung einer bedeutenden Summe zum Abzuge zu bewegen. Auch bequemte er sich dazu, in Ravenna die weiteren Forderungen Alarichs zu vertreten, welche die Grundlage eines endgültigen Friedensschlusses bilden sollten. Aber Honorius, den jetzt statt des gestürzten Olympius Jovinus leitete, wollte sich auf keine Verhandlungen einlassen, obwohl ihn alles dazu hätte auffordern müssen. Da zwang Alarich den Senat, Honorius für abgesetzt zu erklären und statt seiner den Stadtpräfekten Attalus zum Kaiser auszurufen. Dieser war nach der Karakteristik, welche ein alter Geschichtsschreiber von ihm gibt, ebenso unfähig, selbständige Entschlüsse zu fassen, als die Projekte anderer auszuführen. Auf Alarichs Veranlassung unternahm er einen Handstreich gegen Afrika, der jedoch wegen seiner allzugeringen Truppenmacht nicht gelingen konnte. Er hatte trotzdem damit den Hof in einen furchtbaren Schrecken versetzt. Afrika war die Kornkammer Italiens; wer darüber verfügte, konnte dem abendländischen Kaiser seine Bedingungen vorschreiben. Und nur zu sehr mußte man fürchten, daß das von religiösen und nationalen Gegensätzen durchwühlte Land, in dem erst kürzlich auch das alte Heidentum seine noch immer lebendige Macht gezeigt hatte, den Feinden des Kaisers sich anschließen werde. Um sich die Gemüter geneigt zu machen, griff man in dieser Notlage zu dem Mittel, alle gegen Heiden und Häretiker erlassenen Edikte außer Kraft zu setzen. Man begreift nach allem, was vorangegangen war, welchen Eindruck diese Verfügung auf die afrikanischen Bischöfe machen mußte, welche Verwirrung solch jäher Wechsel der Religionspolitik hervorzurufen imstande war. Ein im Juni 410 in Karthago versammeltes Konzil ließ eine dringende Vorstellung an den Hof gelangen. Sie erreichte ihr Ziel, das Toleranzedikt wurde widerrufen.

Inzwischen hatten in Italien die Dinge ihren Lauf genommen. Da Honorius noch immer jeden Friedensvorschlag ablehnte, beschloß Alarich den Stolz des Reichs aufs empfindlichste zu treffen und das wiederholt bedrohte Rom nun wirklich zu nehmen. In der Nacht des 24. August 410 erstürmten die Gothen nahe der Porta Salaria die Aurelianische Mauer und drangen in die Stadt ein. Nach einem anderen Berichte wäre ihnen von Verrätern das Thor geöffnet worden. Das benachbarte Quartier, wo die Gärten des Sallust lagen, ging alsbald in Flammen auf. Drei Tage lang wurde die Stadt geplündert, die Jahrhundertelang den Erdkreis ausgeraubt hatte. Durch strenge Befehle suchte Alarich den Ausschreitungen seiner Krieger Schranken zu setzen, namentlich sollten die Kirchen geschont und das Asylrecht geachtet werden. Mit ungeheurer Beute beladen verließen die Gothen am vierten Tage die Stadt.

Der Eindruck, den das Ereignis machte, war furchtbar. Hieronymus gab nur der allgemeinen Empfindung Ausdruck, wenn er klagend ausrief: ‚das Licht der Welt ist erloschen, in der einen den Barbaren anheimgefallenen Stadt die ganze Menschheit vom Untergange betroffen.' Schon längst hätte man es voraussehen können, aber niemand hatte es für möglich gehalten. Je näher das Unglück heranzog, desto fester schien der Glaube zu wurzeln, daß die ‚ewige Stadt' nicht untergehen werde. Der alte Beiname, auf den sie stolz war, niemals war er so sehr in aller Mund gewesen wie jetzt; die offiziellen Dokumente der Zeit nennen sie mit Vorliebe so. Hatte man bei dem ersten Anmarsche Alarichs gezittert, so war nach dem Siege Stilichos bei Pollentia die Zuversicht um so größer geworden. In wohlklingenden Versen hatte ihr Klaudianus, der Bewunderer des siegreichen Feldherrn, Worte verliehen und die Gothen zur Bescheidenheit ermahnt. Jetzt mußten vor der unerbittlichen Wirklichkeit alle Täuschungen verschwinden.

Mehr noch als anderswo scheint man in Nordafrika von dem Eindrucke erfüllt gewesen zu sein. Das Land war bisher von einer Invasion germanischer Völker verschont geblieben, so mochte man sich über die Nähe der Gefahr getäuscht haben. Zugleich war es das bevorzugte Ziel derer geworden, die vor den Barbaren flüchteten. Vornehme römische Familien, Träger alter historischer Namen, kamen nach Afrika, um ihr Leben und den Rest ihres Vermögens zu retten. Sie erzählten von den Schrecknissen, deren Zeugen sie gewesen waren, und verstärkten durch ihre persönlichen Erlebnisse das allgemeine Bild des Jammers.

Zu der Trauer über das Unglück Roms und Italiens kam die Angst, daß Alarich weiter vordringen, daß er nach Sizilien und von da nach Afrika übersetzen werde. Augustin mußte die Bewohner von Hippo ermahnen, daß sie nicht von Besorgnissen dieser Art erfüllt, die pflichtmäßige Pflege der Armen vernachlässigten. Und in den Kleinmut der Christen mischten sich die Verwünschungen und Vorwürfe der Heiden. Für sie stand fest, daß nur das Verlassen der alten Götter die Schuld an dem Niedergange des stolzen Weltreichs trage, und die

Abb. 46
Die aurelianische Mauer unweit der Porta Salaria (Rom)

Christen für das Unheil verantwortlich seien.

Die Anklage war nicht neu. Schon aus dem Anfange des dritten Jahrhunderts berichtet Tertullian, daß bei jeder öffentlichen Kalamität, Ueberschwemmung oder Sonnenbrand, Hungersnot oder Pest, der Ruf ertönte: die Christen vor die Löwen! Fünfzig Jahre später sah sich Cyprian veranlaßt, eine eigene Verteidigungsschrift für seine

7*

Glaubensgenossen abzufassen. In seinem Sendschreiben an Demetrianus leugnet er nicht, daß die Zeiten schlimm sind, aber während er bemüht ist, die damaligen Unglücksfälle, so gut es gehen will, aus natürlichen Ursachen zu erklären, kehrt er zugleich den erhobenen Vorwurf um: nicht deshalb, weil ein Teil seiner Bewohner den alten Göttern den Rücken gekehrt hat, wird das römische Reich heimgesucht, sondern vielmehr darum, weil die Mehrheit es eigensinnig verschmäht, sich dem einzig wahren Gotte der Christen zuzuwenden, und sogar die Bekenner desselben aufs grausamste verfolgt.

Nun aber war seit Konstantin dem Großen vieles anders geworden. Die Verfolgungen hatten längst aufgehört, christliche Kaiser standen an der Spitze des Reichs und waren durch ihre Gesetze für die Beseitigung des alten Kultus eingetreten. Die Ausführungen Cyprians hatten ihren Boden verloren, aber die Dinge waren nicht besser, sondern unendlich viel schlimmer als damals. Wenn selbst Christen angesichts des furchtbaren Verderbens, welches die letzten Jahrzehnte gebracht hatten, in ihrem Glauben an die Vorsehung erschüttert wurden, so kann es nicht wundernehmen, wenn die Heiden mit verstärktem Ingrimme die alten Anklagen wiederholten. Durften sie auch vielleicht nicht wagen, laut und in der Oeffentlichkeit damit hervorzutreten, so ging doch ein dumpfes Murren durch ihre Kreise und ließ befürchten, daß bei sich bietender Gelegenheit die Leidenschaften hervorbrechen würden. Selbst dies, daß Augustin in seinen Predigten so oft von den schweren Heimsuchungen sprach, daß er wiederholt auf der Kanzel der Einnahme Roms Erwähnung gethan hatte, wurde ihm verdacht und so gedeutet, als ob er zu dem Unglücke noch den Hohn hinzufügen wolle. Und doch war es gerade der Bischof von Hippo, an den man von überallher sich wandte, von dem man Aufklärung, Beruhigung und Trost erhoffte.

Augustin beschloß, es nicht bei der mündlichen Belehrung der Gläubigen durch die Predigt vor dem Volke und bei den an einzelne gerichteten Briefen bewenden zu lassen, sondern die Fragen, die alle Gemüter bewegten, in einem ausführlichen Werke zu behandeln. Aber es sollte keine bloße Gelegenheitsschrift werden, es sollten darin jene Fragen allseitig und vollständig erörtert und die Zeitereignisse in den Rahmen einer vom christlichen Standpunkte aus entworfenen umfassenden Geschichtsphilosophie eingespannt werden.

Die zweiundzwanzig Bücher ‚vom Gottesstaat' sind wohl das bekannteste unter den Werken Augustins, sie sind vielleicht auch dasjenige, welches die größte, keineswegs nur auf das theologische Bereich sich erstreckende Nachwirkung in den folgenden Jahrhunderten ausgeübt hat. Er hat lange daran gearbeitet, von 413 bis 426, und die einzelnen Teile nach und nach herausgegeben. So ist es nicht aus einem Gusse entstanden und kein Muster einheitlicher Komposition. Zahlreiche Einzelfragen, die sich ihm aufdrängten, führen zu mehr oder minder ausführlichen Digressionen und drohen den Zusammenhang zu zerreißen. Aber in seinen Hauptumrissen stand ihm der Plan von Anfang an fest, und das Ganze gehört zu den großartigsten Konzeptionen aller Zeiten. Es ist zugleich eines der wichtigsten litterarischen Denkmäler jener Uebergangsperiode, aus dem sich ersehen läßt, in welcher Weise sich bei hervorragenden Männern die Elemente der antiken Bildung, in welcher sie aufgewachsen waren, mit dem sie erfüllenden und durchdringenden Geiste des Christentums ausgeglichen hatten. Die zehn ersten Bücher sind überwiegend polemisch, die zwölf weiteren mehr konstruktiv gehalten, alle aber durchzieht die eine Tendenz, welche das Vorwort ausspricht, den erhabenen Gottesstaat gegen diejenigen zu verteidigen, welche dem Begründer desselben die eigenen Götter vorziehen.

Augustin hat dem Worte Staat, civitas, einen völlig neuen Sinn untergelegt. Es hatte bis dahin, wie ein geistreicher Franzose sagt, ‚eine Gruppe von Menschen bezeichnet von gleicher Abstammung, die gleiche Sprache sprechend, sich innerhalb der gleichen Mauern zusammendrängend, und als Fremden, das heißt als Feind, jeden betrachtend, der außerhalb ihrer Grenzen lebte. Die civitas Augustins besitzt eine ganz andere Ausdehnung, sie hat weder Mauern noch Grenzen, sie steht allen denen auf dem ganzen Erdkreise offen, welche den gleichen Gott bekennen, den gleichen Gesetzen nachleben, die gleichen Hoffnungen nähren. Sie umfaßt nicht nur Menschen aus allen Ländern, sondern setzt sich aus Toten ebensogut wie aus Lebendigen zusammen, denn diejenigen, welche nach einem guten Leben in ihren Gräbern vertrauensvoll der Auferstehung entgegenharren, gehören ganz ebenso dazu, wie diejenigen, welche noch im Kampfe des Lebens stehen'. Besser wird man demnach seinen Sinn wiedergeben, wenn man von dem Reiche Gottes spricht.

Zuvörderst also wendet sich der Verfasser an die Gegner. Daß das Christentum, hält er ihnen entgegen, an dem Unglücke der Stadt Rom die Schuld trage, ist so wenig begründet, daß demselben vielmehr umgekehrt zu verdanken ist, was thatsächlich jenes Unglück gemildert hat. Nur weil Alarich ein Christ war, wurden die Kirchen geschont und damit zugleich alle diejenigen, welche sich dorthin geflüchtet hatten, Heiden so gut wie Christen. Wann und wo wäre in den gerühmten alten Zeiten ähnliches vorgekommen? Wurden etwa in Troja die unglücklichen Bewohner durch die Tempel beschützt, als die Griechen die Stadt eroberten? Vergil — Augustin zitiert ihn mit dem gesamten Altertume als vollgültige Geschichtsquelle — berichtet das Gegenteil, wenn er erzählt, daß das Blut der Königsfamilie die heiligen Stätten entweiht habe. Und erzählt er nicht auch, daß im Tempel der Juno, der Schwester und Gemahlin des Juppiter, von Ulisses bewacht, die überallher zusammengeraffte Beute und die lange Reihe der Gefangenen aufbewahrt wurde? So möge man denn vergleichen: dorthin, in das Heiligtum der obersten Göttin schleppt man die aus den Tempeln geraubten Kostbarkeiten zusammen, um sie demnächst unter die Sieger zu verteilen, hier, an den Gedächtnisstätten der Apostel, wird voll ehrfurchtsvoller Scheu und gewissenhafter Sorgfalt behütet, was zu ihnen gehört; dort wird die Gefangenschaft besiegelt, hier die Freiheit gerettet; den Tempel der Juno sucht sich griechische Habsucht aus, an den christlichen Tempeln dagegen bewährt sich die Barmherzigkeit der rohen Barbaren. Oder haben vielleicht Marzellus, der Syrakus, Fabius, der Tarent zerstörte, vor den Tempeln halt gemacht? „Was also jüngst bei der Einnahme Roms an Verheerung, Mord, Plünderung, Brand, Kränkung, begangen wurde, das brachte der Kriegsgebrauch mit sich; das neue dagegen, was sich zugetragen hat, der ungewohnte Anblick, daß die Wildheit der Barbaren gesänftigt schien, daß die größten Basiliken ausgesucht und bestimmt wurden, damit das Volk sie anfülle, um geschont zu werden, so daß niemand verwundet, niemand von dort fortgerissen wurde, sondern umgekehrt die Feinde voller Erbarmung viele dorthin brachten, ihre Freiheit zu sichern, das ist das Verdienst des Namens Christi und der christlichen Zeit. Ein Blinder, wer dies nicht sieht, ein Undankbarer, wer es sieht und nicht lobpreisend anerkennt, ein Unsinniger, wer dem Lobe widerspricht!"

Besonderen Kummer hatte in christlichen Kreisen das Los der gottgeweihten Jungfrauen verursacht; manche waren von den Barbaren vergewaltigt worden, andere, um der Schmach zu entgehen, hatten sich selbst das Leben genommen. Die Urteile darüber waren geteilt, sodaß Augustin sich veranlaßt sieht, ausführlich auf den Fall einzugehen. Er läßt keinen Zweifel darüber, daß der Selbstmord nach christlichen Grundsätzen unter allen Umständen unerlaubt ist, und die aus dem Altertum überlieferten und verherrlichten Beispiele dagegen nichts verschlagen, aber er meint zugleich, daß kein menschlich Fühlender jenen Jungfrauen die Verzeihung weigern werde. Die anderen aber tröstet er mit dem Hinweise, daß die Schmach, die ihnen angethan wurde, ihre Seelen unberührt gelassen habe, und daß auf die von Gott in diesem Erdenleben zugelassene Prüfung eine überreiche Belohnung im Jenseits folgen werde.

Zwei Bücher sind dem Nachweise gewidmet, daß wie furchtbar das hereingebrochene Unglück ist, Rom doch auch in früheren Zeiten, längst vor dem Eintritt des Christentums in die Welt, ähnliche Schläge erduldet habe. Auf Veranlassung Augustins, aber ohne dessen Geist, behandelte Orosius einige Jahre später das gleiche Thema in einem eigenen Werke. Die Vorwürfe der Heiden unterstützte der alte, von Männern wie Cicero und Sallust genährte und überlieferte Glaube, daß Rom dem besonderen Schutze der Götter seine Größe verdanke. Die Historiker, Livius vor allen, berichteten, daß eben darum die Römer bei jedem Unglücke, von dem sie betroffen wurden, durch gesteigerte religiöse Uebungen sich dieser Gunst neuerdings zu versichern bemüht waren. Augustin hält es nicht für ausreichend, diesen Glauben durch den Hinweis auf die Ohnmacht der falschen Götter erschüttert zu haben, er will auch zeigen, welches in Wahrheit die Gründe für die Größe und Macht des römischen Reichs gewesen sind. Hierzu aber scheint ihm eine Berichtigung des Maßstabes erforderlich. Ist es denn an sich etwas Großes und Lobwürdiges, den Erdkreis ohne Ende mit Krieg zu überziehen, unabhängige Völker zu unterjochen und aus den Trümmern zerstörter Freiheit und Selbständigkeit ein gewaltiges Denkmal des Ehrgeizes zu errichten? Keiner von den heidnischen Schriftstellern hatte je einen ähnlichen Gedanken ausgesprochen, Cicero nur schüchtern die Zerstörung Korinths beklagt, ihnen allen war nie ein Zweifel an der Berechtigung der römischen Weltpolitik aufgestiegen. Ein neuer, durchaus moderner Zug tritt uns hier entgegen. Trotzdem hat der Bischof von Hippo keineswegs alles römische Empfinden verloren, sodaß er altrömische Bürgertugend und Staatsweisheit nicht zu schätzen wüßte. Gerade umgekehrt sieht er vielmehr eben hierin, in den Tugenden der Vorfahren, ihrer Tapferkeit, ihrer Ausdauer im Ertragen von Not und Gefahr, ihrer Genügsamkeit und opferbereiten Vaterlandsliebe, die Ursachen für den einstigen Ruhm der Stadt und des Staats. Um dieser Tugenden willen, mehr aber freilich noch um seine geheimnisvollen Absichten auszuführen, hat ihnen der eine wahre Gott, von dem allein alle Macht stammt, jenen Ruhm verliehen.

So behauptet der Inhalt der fünf ersten Bücher die Richtung, welche durch das Motiv der Abfassung bezeichnet war. In den fünf folgenden wird das Thema weiter gegriffen. Folgendermaßen knüpft Augustinus den Zusammenhang: nachdem der Nachweis erbracht wurde, daß der Kultus der alten Götter nichts austrägt für die irdische Glückseligkeit, soll nun weiter gezeigt werden, daß auch der Hinblick auf eine jenseitige Glückseligkeit nicht zu ihrer Verehrung bestimmen kann. Daraus erwächst ihm eine weitschichtige Polemik gegen den griechisch-römischen Polytheismus in den verschiedenen Phasen seiner Entwicklung, die letzte, welche dagegen geführt wurde und zu führen nötig war. In zwei Anklagen faßt sich dieselbe zusammen: der heidnischen Religion fehlt einmal das moralische Element, sie leitet die Menschen nicht an, wie sie ihr Leben ordnen sollen, sie können ihr keinerlei Antrieb zur Bekämpfung ihrer Leidenschaften entnehmen. Es fehlt ihr sodann jeder bestimmte Glaubensgehalt. Die volkstümlichen Ausgestaltungen, die allegorische Mythendeutung der Stoiker, endlich der Versuch, den die Neuplatoniker unternahmen, den Aberglauben zu vergeistigen, werden dabei eingehend erörtert. Noch einmal läßt hier Augustin seiner Bewunderung der platonischen Philosophie und seiner Verehrung für ihren großen Stifter freien Lauf. Findet sich doch bei ihm das Bekenntnis des wahren Gottes, da die Ursache des Seins, der Grund der Erkenntnis, die Norm des Lebens, die Quelle der Glückseligkeit ist. Sehr eingehend befaßt er sich sodann mit dem Dämonenglauben und setzt sich darüber mit Porphyrius auseinander. Daß er in seinen eigenen Aeußerungen über Zauberei den Zeitanschauungen seinen Tribut darbringt, kann nicht wundernehmen.

Von dem breiten apologetisch-polemischen Unterbau erhebt er sich im elften Buche zur Betrachtung des Gottesreichs. Ihm, dem himmlischen, steht als sein Gegenbild das irdische gegenüber. Jenes hat seine Wurzeln in der selbstlosen, demütigen Gottesliebe, dieses die seinen in falscher, Gott verachtender Selbstliebe. In je vier Büchern werden Ursprung und Beginn, Fortschritt und Verlauf, zuletzt Ziel und Ende der beiden Reiche geschildert. Der Kampf, den sie miteinander führten, macht das Drama der Weltgeschichte aus. Das Thema zu den Variationen derselben bildet das Wort der Schrift, daß Gott den Stolzen widersteht und den Demütigen seine Gnade gibt. Das Verhältnis der beiden Reiche zueinander erscheint zuerst in dem Gegensatze der beiden Söhne Adams. Kain, der Brudermörder, der Gründer der ersten Stadt, ist das Haupt des irdischen Reiches, dessen Wesen Gewaltthätigkeit ist; Abl, an dessen Stelle später Seth tritt, ist der Repräsentant des Gottesreiches. Aus der gegen Gottes Wille geschlossenen Verbindung der sethitischen Gotteskinder mit den kainitischen Töchtern des irdischen Reichs geht das Riesengeschlecht hervor, dessen wachsende Bosheit zuletzt die Sündflut herabruft. Noë, der zweite Stammvater des Menschengeschlechts, ist das Vorbild Christi, die Arche der Typus der Kirche. Die zweiundsiebzig Völker, welche durch die Sprachverwirrung entstehen, erfüllen im Laufe der Zeit das Festland und die Insel, überall Staaten bildend. Seit Abraham, dem Vater der Gläubigen, tritt das Gottesreich mehr in den Vordergrund der Geschichte; mit ihm kommen in entscheidenden Momenten die

Abb. 47 · Sandro Botticelli · Der hl. Augustinus · Ognisanti in Florenz

großen Weltreiche in Berührung. David gibt dem auserwählten Volke seine Hauptstadt, aber schon unter seinem Enkel erscheint dasselbe in sich gespalten. Es deutet damit voraus auf die einstige ewige Trennung des geistigen und fleischlichen Israel, wie sie schon in den Gegensätzen von Sarah und Hagar, Isaak und Ismael, Jakob und Esau vorgebildet war. Seit dem Exil wird Juda fort und fort von den schwersten Schlägen und Prüfungen betroffen, bis zuletzt das Königtum von ihm genommen und einem Ausländer übertragen wird. Das ist die gottgewollte Fülle der Zeit, wo nach dem Ablaufe von fünf Weltaltern der alte Bund aufhört und der neue Bund der Gnade beginnt. Uebrigens war auch nach der Erwählung Abrahams der Gottesstaat keineswegs auf die Abrahamiten beschränkt, auch außerhalb dieses Kreises zählte er seine Bürger, als deren vornehmsten Vertreter die h. Schrift den frommen Dulder Hiob aufführt. So tritt der Gottesstaat niemals rein in die Erscheinung, vielmehr sind in dieser Zeitlichkeit beide Reiche, Gute und Böse, miteinander vermischt. Erst am Ende der Zeiten tritt die endgiltige Scheidung ein, bis dahin setzt auch die Kirche unter den Tröstungen Gottes und den Verfolgungen der Welt ihren Pilgerlauf fort. Schon sind zehn große Verfolgungen, vorgebildet in den zehn Plagen Aegyptens, vorübergegangen; auch in der Folge werden dieselben nicht ausbleiben, die letzte und größte wird den Antichrist bringen. Aber die Kirche wird durch die Verfolgungen nur geläutert und mehr und mehr für ihre ewige Verherrlichung vorbereitet.

Wie Ursprung und Anfang, so liegt auch Ziel und Ende der beiden Reiche jenseits der sichtbaren Welt, es besteht in dem vollkommenen Frieden und der Vereinigung mit Gott. Das ist der Schluß der Weltgeschichte mit dem Uebergange von der Zeit in die Ewigkeit, mit der Auferstehung und dem Weltgericht. Dann werden die Bösen ewiger Pein überantwortet. Von Gott verlassen, können sie nun keinen Staat mehr bilden, wie ja auch in dieser Zeitlichkeit nur dadurch, daß das Gottesreich die Weltreiche durchdringt, die Ordnung in diesen aufrecht erhalten wird. Innerhalb der Masse der Verworfenen gibt es weder Ordnung noch Friede, sondern nur Verwirrung und Streit ohne Ende, unbeschreiblich ist dagegen die Herrlichkeit der Himmelsstadt, die aus dem Weltbrande, geschmückt wie eine Braut zur Hochzeit, hervortritt. Dort feiern alsdann die Auserwählten den ewigen Sabbath, der nach den sechs Werktagen der irdischen Geschichte anbrechen wird, indem die Vollzahl der Himmelsbürger den Schöpfer und Herrn des Himmelreichs umringt und in ihm ruht wie er in ihnen. Dann ist die ganze Weltzeit abgelaufen, vergleichbar einer gewaltigen Symphonie, von der die verschiedenen geschichtlichen Perioden die einzelnen Sätze bilden.

Man kann fragen, in welchem Zusammenhange diese nach vorwärts und rückwärts schauende Vision mit der ursprünglichen Veranlassung des Werkes steht? Der Zusammenhang fehlt nicht, und was Augustinus hier anstrebt, hat auch in späteren Zeiten, in ähnlichen Lagen, immer wieder nach einem Ausdrucke gesucht. In großen Krisen empfindet es die erschreckte Menschheit als Beruhigung, wenn sie das Erlebte dem Zufalle zu entrücken und irgendwie, sei es in der Form einer geschichtsphilosophischen Konstruktion, sei es in der der Prophetie, als ein gesetzlich bestimmtes zu begreifen vermag. ‚Das große Werk Augustins, welches in allen Begebenheiten die Hand Gottes aufzeigt, welches auch für die am meisten rätselhaft erscheinenden einen Grund anzugeben weiß, welches in so durchschlagender Weise den endgültigen Triumph des Glaubens und der Gerechtigkeit am Horizonte erscheinen läßt, war den kummervollen und leicht erregbaren Menschen jener Zeit ein Trost und eine Hoffnung.'

Aber was bedeutet nun eigentlich für Augustin das Gottesreich? Ist es vielleicht die Kirche, und ist alsdann sein Gegenbild, das irdische Reich, der Staat? Schon aus dem oben auszüglich Mitgeteilten geht hervor, daß eine solche Gleichsetzung nicht in seiner Absicht liegt. Das Gottesreich ist nicht die Kirche, denn es nahm seinen Ursprung längst vor ihrer

Gründung, und die Kirche in ihrer sichtbaren Erscheinung zählt unter ihren Mitgliedern auch solche, die nach Wesen und Gesinnung vielmehr Bürger des irdischen Reiches sind. Und dies letztere fällt nicht mit dem Staate zusammen, sodaß also dieser, aus der Sünde geboren, etwas wäre, was nicht sein sollte. Augustinus weiß den Wert der bürgerlichen Gesellschaft, die Notwendigkeit staatlicher Ordnung vollauf zu würdigen; er schärft den Unterthanen die Pflicht des Gehorsams ein und preist die Vaterlandsliebe. Von ganz besonderer Wichtigkeit aber ist der von ihm eröffnete Ausblick auf einen christlichen Staat, in welchem die Fürsten ihre Macht nicht im eigenen Interesse verwerten, um ihren Leidenschaften zu fröhnen, sondern dieselbe zum Schutze der Gerechtigkeit und der allgemeinen Wohlfahrt gebrauchen, im Dienste des wahren Gottes. Wenn an einzelnen Stellen die konkreten geschichtlichen Staatsgebilde enger an das irdische Reich herangerückt sind, so liegt dies nur daran, daß in der That die einzelnen Machthaber durch ihren Ehrgeiz und ihre Gewaltthätigkeit als hervorragende Vertreter desselben erscheinen.

Von einer staatsfeindlichen Tendenz der Kirche und des Christentums weiß Augustinus nichts. Seine Gesinnung erhält eine interessante Beleuchtung nach dieser Richtung durch die Korrespondenz mit Volusianus. Dieser, ein durch seine vornehme Abstammung und die hohen Staatsämter, die er bekleidete, ausgezeichneter Römer, war wie viele Mitglieder der Aristokratie noch immer Anhänger des Heidentums, aber durch christliche Verwandte und durch den mehrgenannten Tribunen Marzellinus war er mit Augustinus in brieflichen Verkehr gekommen. Durch den letzteren ließ er ihm seine Bedenken gegen die christliche Religion vorlegen. Diese verbietet die Rache und befiehlt, Böses mit Gutem zu vergelten, sie ist eine Religion der Milde und Versöhnung und schließt eben darum die kriegerische Tugend aus, damit aber zugleich die Möglichkeit, ein Staatswesen wirksam nach außen zu verteidigen. Indem sie Herrscher und Unterthanen zur Resignation erzieht, verzichtet sie auf das, was die notwendige Voraussetzung nicht nur der Macht, sondern der Selbständigkeit und Unabhängigkeit jeden Staates bildet. Augustinus will das nicht gelten lassen. In seiner Antwort erinnert er daran, daß auch die alten Römer Milde und Versöhnlichkeit als Tugenden schätzten. Rühmend berichtet Cicero von Julius Zäsar, er habe nichts vergessen, als die erfahrenen Beleidigungen. Was aber das Christentum betrifft, so hätte Volusianus mit seinen Schlußfolgerungen nur dann Recht, wenn dieses mit dem Kriegsdienste jede kriegerische Thätigkeit untersagte. Davon ist aber keine Rede. Nicht gegen den Beruf der Soldaten, sondern gegen ihre Ausschreitungen wendet sich Johannes der Täufer beim Evangelisten Lukas. Gäbe es nur eine Armee, wie die christliche Moral sie vorschreibt, wollten nur alle Könige und Statthalter, Obrigkeiten und Richter, Gatten und Gattinnen, Herren und Diener, sich nach den Vorschriften des Evangeliums richten, so würde der Erfolg alsbald die Vorwürfe verstummen machen, als ob das Christentum dem Wohl der Staaten Eintrag thue.

Aus dieser Gesinnung floß der Rat, den er dem Statthalter von Afrika, Bonifazius, erteilte, einem der angesehensten Männer seiner Zeit. Nach dem Tode seiner ersten Gattin trug sich dieser, der schon immer religiösen Interessen zugeneigt war, mit dem Gedanken, die Welt zu verlassen und sich in die Einsamkeit zurückzuziehen. Augustin stellte ihm vor, daß man Gott auch im Lagerleben dienen könne — auch David war ein Kriegsmann, — und forderte ihn auf, seine Gaben und Kräfte in der Welt für das Wohl der Christenheit einzusetzen. Es liegt eine tiefe Tragik hierin, denn Bonifazius folgte dem Rat, — um wenige Jahre später die Vandalen nach Afrika zu rufen und dadurch dem wankenden Reich einen Stoß zu versetzen, den es nicht mehr überwinden konnte. Dies führt zu dem Gange der politischen Ereignisse zurück.

Alarich war noch im Jahre der Einnahme Roms in Unteritalien, wo er in der That den Uebergang nach Sizilien und Afrika plante, in der Blüte seiner Jahre gestorben. An seine Stelle trat sein Schwager Ataulph, die Gothen zogen wieder nordwärts, und im Jahre 412 ließ sich Ataulph bestimmen, sie nach Gallien zu führen. Dort nahm er bald für, bald gegen Honorius Stellung, vermählte sich 414 gegen des letzteren Willen mit dessen schöner Schwester Plazidia, wurde dann durch den thatkräftigen Feldherrn Konstantius, dem der Kaiser bereits die Vernichtung des Usurpators Konstantin verdankte, nach Spanien hinübergetrieben, wo er noch im Jahre 415 einem Racheakte zum Opfer fiel.

im Jahre 421. Zwei Jahre vorher war der Gothenkönig Wallia gestorben und an seine Stelle Theodorich, ein Enkel Alarichs, auf den Thron erhoben worden. In Spanien, wo es zu neuen Kämpfen gekommen war und die Römer eine schwere Niederlage erlitten hatten, dominierten die Vandalen unter Geiserich. 423 starb Kaiser Honorius. Zur Thronfolge bestimmt war Valentinian III., des Konstantius und der Plazidia vierjähriger Sohn, der aber erst 425, nachdem mit Hilfe des oströmischen

Abb. 48 · Plazidia mit ihrem Sohn Valentinian III. und ihrem zweiten Gemahle Konstantius

Sein Nachfolger, Wallia, trat völlig in den Dienst der Römer. Mit seiner Hülfe gelang es nach langen Kämpfen in Spanien die Oberherrschaft derselben wieder herzustellen. Dann setzte er sich im Südosten Galliens fest, blieb aber der Verbündete Roms und erkannte die Souveränität des Kaisers an. Durch die kluge und starke Politik des Konstantius, der im Jahre 417 die widerstrebende Plazidia geheiratet hatte, war noch einmal das Abendland gerettet worden.

Die günstige Wendung war nicht von langer Dauer. Konstantius starb bereits

Kaisers Theodosius II. der Usurpator Johannes überwunden war, in Rom mit dem Purpur bekleidet werden konnte. Die Regierung führte für ihn seine Mutter, deren hauptsächliche Stütze der zuvor genannte Bonifazius war.

Inzwischen hatte der in Tolosa regierende Theodorich den eingetretenen Thronwechsel dazu benutzt, um sich von Rom unabhängig zu machen, und breitete sich erobernd in Gallien aus. Gegen ihn wurde Aëtius geschickt, der zuvor auf der Seite jenes Usurpators gestanden, dann aber seinen Frieden mit der Regentin gemacht hatte. Es gelang ihm, die Gothen zu schlagen und zum Frieden zu nötigen. Nach Rom zurückgekehrt, trachtete er danach, sich eine Stellung zu erringen, wie sie einst Stilicho besessen hatte. Hier aber stand ihm Bonifazius im Wege, welcher das volle Vertrauen Plazidias genoß. Durch eine niederträchtige Intrige gelang es ihm, dasselbe zu untergraben. Während er bei der Regentin den Statthalter von Afrika verdächtigte, als denke er an Empörung, wußte er dem letzteren einzureden, die launenhafte Fürstin habe ihm ihre Gunst entzogen und sinne auf seinen Untergang. So brachte er Plazidia dahin, daß sie Bonifazius aufforderte, nach Ravenna zu kommen, um sich zu rechtfertigen, und bestimmte gleichzeitig diesen, der Aufforderung keine Folge zu geben. Nun setzte die Regentin den offenkundigen Verräter ab und befahl seine Bestrafung; Bonifazius, um sich zu retten, rief die Vandalen zu Hülfe. Von Geiserich geführt, kamen sie ihm Jahre 429 nach Afrika herüber. Aus Ep. 220 geht nur hervor, daß Bonifazius dem Einfalle der Barbaren thatlos gegenüberstand und sich über die ihm vom Hofe widerfahrene Unbill beklagte, sowie daß er sich in einer schwierigen Lage befand. Nicht lange danach wurde jene Intrige aufgedeckt, Bonifazius, den Augustin nicht aufgehört hatte, an seine Pflicht zu mahnen, söhnte sich mit Plazidia aus und versuchte die Vandalen zum Abzug zu bewegen. Als ihm dies nicht gelang, ging er mit Waffengewalt gegen sie vor. Der nächste Erfolg war eine furchtbare, sprichwörtlich gebliebene Verheerung des unglücklichen Landes. Zu der Raubgier der Barbaren gesellte sich religiöser Fanatismus. In den noch immer vorhandenen Donatisten fanden die arianischen Vandalen bereitwillige Bundesgenossen.

Wie sehr Augustin die Not des Reiches empfand, wie schmerzlich die von allen Seiten eintreffenden Unglücksbotschaften sein weiches Gemüt verwunden mußten, so war er doch unausgesetzt bemüht, den Gläubigen Trost und Mut zuzusprechen. Zehn Jahre früher war die römische Welt außer durch die Schrecken der Völkerwanderung auch durch außerordentliche Naturereignisse in Angst versetzt worden.

Damals hatte der Bischof von Salona in Dalmatien, Hesychius, bei ihm angefragt, ob nicht die Anzeichen dafür sprächen, daß das von den Evangelisten vorausverkündete Weltende nahe sei. Er lehnte es ab, die Zeichen zu deuten, und in seinem Antwortschreiben versuchte er zugleich, der verbreiteten Mutlosigkeit zu steuern. Zu diesem Ende erinnerte er an frühere Vorkommnisse, an die Zeit des Kaisers Gallienus, wo das Reich schon einmal völliger Auflösung anheimgefallen schien. Wenn es sich damals wieder erhob, warum sollte man jetzt alle Hoffnung aufgeben? Ganz ebenso hatte er im vierten Buche vom Gottesstaat gesagt: das römische Reich ist heimgesucht, aber nicht zerstört. Warum an seiner Wiederaufrichtung verzweifeln? Wer vermißt sich, die Absichten Gottes zu kennen?

Als die Gefahr näher gerückt war und sich zugleich bei ihm, der immer von zarter Gesundheit gewesen war, die Beschwerden des Alters geltend machten, schien es ihm geboten, Vorsorge für die Zukunft zu treffen und sich in Hippo einen würdigen Nachfolger zu bestellen. Er ging dabei mit aller Vorsicht zu Werke, um Verwicklungen vorzubeugen, wie sie nicht ganz selten einzutreten pflegten und erst kürzlich nach dem Tode des Bischofs von Mileve nur durch seine Dazwischenkunft beseitigt worden waren. Der genaue Bericht über den Hergang, ein förmliches, von den Hauptbeteiligten unterzeichnetes Protokoll, hat sich erhalten. Am 26. September versammelte Augustinus den Klerus und das Volk von Hippo in der Kirche. Mit einfachen Worten teilte er ihnen seine Absicht mit und bezeichnete den Presbyter Heraklius als denjenigen, den er zu seinem Nachfolger ausersehen habe. Durch lauten Zuruf gab das Volk seine Zustimmung zu erkennen. Augustinus begnügte sich damit nicht; fünfundzwanzigmal ließ er die Worte wiederholen: so sei es, er ist dessen würdig! Dann entließ er die Versammlung mit der Aufforderung zum Gebete für die Kirche von Hippo, für sich selbst und für den gewählten. Zum Bischofe weihte er den letzteren jedoch nicht, eingedenk der Vorwürfe, welche seiner Zeit ihm und dem Bischofe Valerius gemacht worden waren.

Der Schrecken, den die Vandalen verbreiteten, war so groß, daß viele Priester und selbst Bischöfe an Flucht dachten. Wiederholt wurde Augustinus von seinen Mitbrüdern darüber befragt. Diese beriefen sich auf die Stelle bei Matthäus, wo es heißt: wenn sie euch in einer Stadt verfolgen, so fliehet in eine andere, und nicht minder auf das Beispiel von Schafe? Wer keinerlei Pflichten gegen die Gläubigen zu erfüllen hat, mag an seine eigene Sicherheit denken. Wo eine ganze Gemeinde aus Furcht vor den plündernden Horden ihren Wohnsitz aufgibt und eine besser geschützte Stelle aufsucht, sollen die Priester sich anschließen. Niemals aber dürfen die, denen die Seelen ihrer Mitbrüder anvertraut, die mit ihnen durch die heiligsten Bande verknüpft sind, diese Bande lösen, um nur ihr eigenes

Abb. 49 · Vom Palatin in Rom

Heiligen, welche, angefangen mit dem Apostel Paulus, sich der Bedrängnis durch die Flucht entzogen hatten. Die Antwort des greisen Kirchenvaters wird man nicht ohne Rührung lesen. Ruhig sieht er den Dingen ins Gesicht; vor seinem klaren Auge haben die Sophismen keinen Bestand, durch welche Kleinmut und Selbstsucht sich rechtfertigen möchten. Warum beruft man sich nur auf jene Stelle bei Matthäus? Warum nicht auf das Gleichnis bei Johannes von dem Mietling, der flieht, wenn der Wolf kommt, während der gute Hirte sein Leben hingibt für seine Leben zu schützen. Gewiß kann es Fälle geben, wo sich die besondere Wut der Verfolger gegen einzelne Persönlichkeiten richtet, deren Erhaltung für die Christenheit von größtem Werte ist. Alsdann ist es gerechtfertigt, wenn diese auf ihre Erhaltung Bedacht nehmen, vorausgesetzt, daß andere, minder gefährdete, an ihrer Stelle die Seelsorge wahrnehmen. Aber was von ihnen gilt, gilt nicht von allen andern; man hüte sich vor eitler Selbstüberhebung, um so mehr, wenn es zuletzt nur Furcht und Schwäche sind, die zur Flucht raten. Man denke an die Verzweiflung der Zurückgelassenen, wenn sie in den Stunden der äußersten Not, vielleicht des sicheren Todes, der geistlichen Tröstungen beraubt sind.

Belagerung der Stadt anschickten, dachte er nicht an Entfernung. Bei ihm war Possidius, vermutlich weil dessen Bischofssitz

Abb. 50 · Grabmal des h. Augustinus im Dom zu Pavia

Dem entsprach sein persönliches Verhalten. Als im Mai 430 Bonifazius durch eine schwere Niederlage gezwungen wurde, sich nach Hippo zurückzuziehen, und die nachrückenden Vandalen sich zur Kalama bereits in einen Trümmerhaufen verwandelt war. Als die Barbaren die Stadt eingeschlossen hatten, sprach er den Verteidigern Mut zu und stärkte ihren Widerstand.

Aber sein eigenes Ende nahte heran. Welche Gedanken mögen den Geist des großen Mannes erfüllt haben, als er auf das Sterbelager hingestreckt war, während der Feind vor den Mauern stand und jeden Augenblick hereinbrechen konnte? War ihm vielleicht das innere Auge geschärft, daß er gleich einem Propheten des Alten Bundes die Zukunft schauen konnte? Man stelle sich einen Augenblick vor, es habe ihm ein Engel diese Zukunft in wechselnden Bildern gezeigt.

Er sah alsdann, wie die Vandalen nach vierzehnmonatiger erfolgloser Belagerung abzogen, nicht lange danach aber wiederkehrten und die Stadt in Schutt und Trümmer legten. Er sah weiterhin, wie in Karthago, das noch überall die Spuren frischer Zerstörung zeigte, ein barbarischer König, klein von Gestalt und hinkend, seinen Thron errichtete. Ihm gehörte fast das ganze Land, das die Kornkammer Italiens gewesen war, in dem die römische Aristokratie ihre ausgedehntesten Besitzungen gehabt hatte. Wie einst die Schiffe der alten Karthager kreuzten nun die seinen auf dem Mittelmeere.

Und nun erweiterte sich der Horizont, das Gewölk teilte sich, vor seinem Auge stand der Kaiserpalast auf dem Palatin in Rom. Dort erblickte er Valentinian III., den unwürdigsten unter den Nachkommen des großen Theodosius, und neben ihm die dunkle Heldengestalt des Aëtius, der drei Jahre zuvor, im Sommer 451, das Abendland vor der Ueberflutung durch die asiatischen Nomaden gerettet und auf den katalaunischen Feldern den Hunnenkönig Attila aufs Haupt geschlagen hatte. Aber der Kaiser haßte den siegreichen Feldherrn und allgewaltigen Staatsmann. Jetzt stritt er mit ihm in heftigen Worten. Plötzlich reißt der Feigling das Schwert aus der Scheide und haut auf den Wehrlosen ein; ein anderer, der Höfling Heraklius, ist ihm bei dem Morde behilflich.

Wieder wandelt sich das Bild. Auf der labikanischen Straße, drei Meilen vor dem Thore, beim Mausoleum der Helena, schaut Valentinian den Wagenspielen zu. Zwei gothische Krieger nahen sich ihm und schlagen ihn unversehens nieder. Der Senator Petronius Maximus hat sie gedungen, um den seiner Gattin angethanen Schimpf zu rächen (16. März 455). Nun ist Maximus Kaiser. Aber schon tönt von der Meeresseite dumpfer Lärm herüber. Mit einer ungeheuren Flotte ist der Vandalenkönig Geiserich in Portus gelandet und rückt gegen Rom vor. Tausende enteilen in wilder Hast den Thoren, auch Maximus denkt nur an Flucht. Ueber seine Feigheit empört, reißen ihn die Römer in Stücke. Ohne Schwertstreich zieht der Vandale in die Stadt ein, die einer neuen Plünderung unterworfen wird (15. bis 29. Juni 455).

Wie viele Bilder der Schmach und des Niedergangs hätte der Engel noch zeigen können! Von 455 bis 476 folgten acht Kaiser einander in raschestem Wechsel. Die ausschlaggebende Gewalt lag die längste Zeit hindurch in den Händen des germanischen Heerführers Rizimer, der die Kaiser nach Belieben einsetzte und vom Throne stieß. Als er sich mit Anthemius überworfen hatte, mußte dies Rom mit einer dritten Plünderung büßen (Juli 472). Der letzte in der Reihe war das kaiserliche Kind, das seltsamerweise den Namen Romulus führte und dem die Nachwelt spottend den Beinamen Augustulus gegeben hat. Ein anderer germanischer Heerführer, Odoaker, nötigte ihn, dem Thron zu entsagen, ließ ihm aber das Leben, das er in ruhmloser Unthätigkeit am Golf von Neapel in einer alten Villa des Lukullus verbrachte. Eine nach der andern waren die Provinzen verloren gegangen; nun gab es im Abendlande auch keinen Kaiser mehr. In Italien herrschte Odoaker mit dem Titel eines Königs unter nomineller Oberhoheit von Byzanz.

In aller Bedrängnis, die ihn umgab, hatte der Bischof von Hippo den Mut nicht verloren. Solchen Bildern der Zukunft gegenüber aber hätte er wohl fragen mögen, ob dies nicht jetzt wirklich die Anzeichen seien, daß das Ende aller Dinge nahe bevorstehe? Und nun wäre ihm vielleicht ein anderes Gesicht zuteil geworden. In der mantuanischen Ebene hat Attila sein Kriegslager aufgeschlagen. Er brennt vor Begierde, die Niederlage des vorigen Jahres zu rächen. Von den Hufen seiner Rosse sind die fruchtbaren

Abb. 51 · Die St. Augustinus-Kathedrale in Bona

Felder zerstampft, Rauch und Trümmer bezeichnen die Stelle, wo vordem blühende Städte gestanden haben. Da erscheint eine Gesandtschaft aus Rom, an ihrer Spitze ein Priester, Papst Leo der Große. Seinem Zureden gelingt es den Hunnenkönig günstig zu stimmen. Er stellte die Feindseligkeit ein und zieht seine Scharen bis hinter die Donau zurück. — Und in der trostvollen Zuversicht, daß nicht alles verloren sei, daß eine moralische Macht lebe, vor der auch die Barbaren sich beugten, dieselbe Macht, für deren Befestigung er mehr als vierzig Jahre lang in seiner Weise und mit den Kräften seines reichen Geistes thätig gewesen war — hätte Augustinus die müden Augen schließen können.

Er starb am 28. August 430. Damals versiegte der Strom der Beredtsamkeit, der so reichlich über alle Fluren der Kirche dahin gegangen war, sagt Viktor von Vita in seinem ein halbes Jahrhundert später geschriebenen Geschichtswerk. Aber Augustins Beredtsamkeit, die die Zeitgenossen fesselte und hinriß, macht nur den kleinsten Teil seiner geschichtlichen Bedeutung aus. Die Quelle war versiegt, nachdem sie die Felder befruchtet hatte. Eine Saat ging auf, welche der Kirche einen durch die Jahrhunderte nicht erschöpften Reichtum theologischer Gedanken sicherte. Nach dem, was darüber gleich im Eingange bemerkt wurde, ist es nicht nötig, eingehend darauf zurückzukommen. Das Abendland hat Augustin widerspruchslos als seinen Kirchenlehrer anerkannt. Vor allen andern Vätern ist er durch die Universalität seines Geistes ausgezeichnet. Wie die Zeitgenossen, so rühmte die Nachwelt von ihm, daß ihm kein Gebiet möglichen Wissens verborgen geblieben sei.

Vor kurzem veranstaltete die Ecole française in Rom Nachgrabungen in den Ueberresten des alten Lateranensischen Palastes, die sich unterhalb der Scala Santa befinden. Man entdeckte an der Wand eines größeren Raumes das dem sechsten Jahrhunderte angehörende Freskogemälde, welches hier vorn im Titelbilde wiedergegeben ist. In schlechten Versen besagt die Unterschrift, daß, während andere Väter einzelnes lehrten, der hier dargestellte in lateinischer Sprache mit wuchtigen Worten alle Fragen der Theologie behandelt habe. Als der gegenwärtige Leiter der Schule, der Abbé Duchesne, Papst Leo XIII. von dem Funde Kenntnis gab und eben die Gründe entwickeln wollte, welche für die Deutung des Bildes sprachen, unterbrach ihn der Papst mit dem Ausrufe:

das ist Augustinus.

Verzeichnis der Abbildungen, welche nicht nach Photographien hergestellt sind

Abb. 8 · Aus dem classischen Süden · Nach Original-Aufnahmen von J. Nöhring (Lübeck, J. Nöhring 1896) Tafel 139ᵃ
„ 20 · G. Clausse, Basiliques et mosaïques chrétiennes Italie-Sicile · Tome 1er (Paris, E. Leroux 1893) Tafel 144
„ 21 · J. J. Bernoulli, Römische Ikonographie · II, 3 (Stuttgart, Union, Deutsche Verlagsanstalt 1894) Tafel 53 b
„ 25 · G. Clausse, Basiliques et mosaïques chrétiennes · Tome Ier · Tafel 144
„ 28 · H. Grisar, Rom beim Ausgang der antiken Welt, 1. Bd. (Freiburg i. B., Herder 1901) · S. 43
„ 31 · Aus dem classischen Süden · Tafel 145
„ 32 · Les monuments historiques de la Tunisie 1ère partie · Les monuments antiques publiés par René Cagnat et Paul Gauckler · Les Temples Païens · Paris, E. Leroux 1898 · Pl. V
„ 38 · J. J. Bernoulli, Römische Ikonographie · II, 3 Tafel 56
„ 41 · Les monuments historiques de la Tunisie 1ère partie · Les Temples Païens · Pl. I
„ 44 · Ebenda Pl. IX
„ 46 · P. Gauckler, L'Archéologie de la Tunisie (Paris, Berger-Levrault & Co. 1896) Tafel 12
„ 47 · H. Grisar, Rom beim Ausgang der antiken Welt, 1. Bd. S. 65
„ 49 · V. Duruy, Geschichte des römischen Kaiserreiches · V. Bd. (Leipzig, Schmidt & Günther 1889) S. 582
„ 50 · Aus dem klassischen Süden · Tafel 9